그림으로 보는 세계사 2

교과서 속 역사 이야기

교과서 속 역사 이야기
그림으로 보는 세계사 ❷

개정판 1쇄 발행 2022년 3월 10일
개정판 7쇄 발행 2025년 4월 30일

글 김민우 | **그림** 이창우 | **감수** 역사사랑

발행인 오형석
편집장 이미현 | **편집** 정은혜 | **디자인** 이희승
발행처 (주)계림북스
신고번호 제2012-000204호 | **등록일자** 2000년 5월 22일
주소 서울시 마포구 창전로 74 여촌빌딩 3층
대표전화 (02)7079-900 | **팩스** (02)7079-956
도서문의 (02)7079-913
홈페이지 www.kyelimbook.com

ⓒ 계림북스, 2022
이 책에 실린 글과 그림, 사진의 무단 전재나 복제를 금합니다.

ISBN 978-89-533-3441-0 74900 | 978-89-533-3439-7(세트)

교과서 속 역사 이야기
그림으로 보는 세계사

글 김민우 | 그림 이창우 | 감수 역사사랑

계림북스
kyelimbooks

감수의 말

그림을 보며
세계사를 술술 읽는다!

우리는 인류의 등장 이후로 세계 여러 나라가 활발하게 교류하는 시대에 살고 있습니다. 지구 반대편에서 방금 찍은 동영상을 인터넷으로 볼 수 있고, 다른 나라를 여행하거나 유학을 갈 수도 있죠. 그래서 세계 역사와 문화를 이해하는 것이 더욱 중요해졌습니다.

세계 역사는 그 양이 아주 방대합니다. 또 낯설고 어려운 역사 용어가 많이 나오지요. 그래서 쉽고 재미있게 공부하는 것이 매우 중요합니다.

〈그림으로 보는 세계사〉 시리즈는 세계사를 처음 배우는 초등학생 눈높이에 맞게 쓴 역사책입니다. 이 책은 초등 독자가 혼자서도 읽을 수 있게 쓰였습니다. 간결한 제목과 그림으로 풀어 쓴 역사 이야기가 술술 읽힙니다. 따라서 책을 반복해서 여러 번 보기만 해도 고대부터 현대까지 세계사의 전체적인 흐름을 이해할 수 있을 거예요. 더불어 초등학생에게 꼭 필요한 기초 지식뿐만 아니라 중학교 세계사 공부의 기초를 탄탄히 다질 수 있습니다.

　책은 우리가 직접 체험해 보지 못한 것을 간접적으로 경험해 볼 수 있게 해 줍니다. 따라서 이 책에 담긴 지식을 학생들이 자신의 것으로 만든다면, 이미 세계를 한 번 체험해 본 것이나 다를 것이 없습니다. 앞으로 세계 여러 나라들이 더욱 긴밀하게 연결된 지구에서 살아갈 우리 학생들이 〈그림으로 보는 세계사〉를 읽고 보다 나은 미래를 고민해 볼 수 있기를 바랍니다.

역사사랑(전국역사교사모임 내 연구모임)

차례

큰 변화 속의 동아시아

- **유목 민족과 한족이 겨루었어요** ················ 12
  - 천하가 셋으로 나뉘었어요
  - 북쪽에서 유목 민족이 쳐들어왔어요
  - 남쪽에 다시 세워진 진나라
  - 남쪽이 크게 성장했어요
  - 귀족들은 나랏일에 관심이 없었어요
  - 유목 민족과 한족을 하나로!
  - 불교가 널리 퍼지기 시작했어요

- **중국을 다시 통일한 수나라** ················ 20
  - 문제가 백성들을 위한 정치를 펼쳤어요
  - 양제가 대운하를 건설했어요
  - 고구려 침략에 실패했어요

- **세계적인 나라로 성장한 당나라** ················ 26
  - 당나라를 안정시킨 태종
  - 인도에 가서 불교를 공부했어요
  - 중국 최초의 여자 황제, 측천무후
  - 세계 최대의 국제도시, 장안
  - 역사 속으로 사라진 당나라
  - 말은 달라도 서로 통했어요

세계사 속 한국사 ················ 36
당나라에서 성공을 꿈꾼 최치원

- **천황의 나라, 일본** ················ 38
  - 야마토 정권이 세워졌어요
  - 일본이라 불리기 시작했어요
  - 천황을 두려워하지 않는 귀족들
  - 도다이 사의 거대한 불상
  - 일본 최초의 글자가 탄생했어요
  - 아름다운 소설을 쓴 무라사키 시키부

세계사 속 한국사 ················ 50
한반도와 일본의 유물이 닮았어요

세계사 놀이터 다른 그림 찾기 ················ 52

다양한 문화 속 인도와 동남아시아

- **인도 문화를 꽃피운 굽타 왕조** ········ **56**
  - 인도의 북쪽을 지배한 굽타 왕조
  - 인도의 국민 종교인 힌두교가 탄생했어요
  - 소는 힌두교의 신이에요
  - 인도의 영웅, 라마야나 이야기
  - 영(0)의 발견이 수학 수준을 높였어요
  - 다른 종교를 존중했어요
  - 북쪽에 이슬람 왕조가 들어섰어요
  - 인도인이 이슬람 문화를 받아들였어요
  - 지역에 따라 서로 다른 문화가 있었어요

- **이웃 나라의 영향을 받은 동남아시아** ······ **68**
  - 바다를 통해 어디든지 갔어요
  - 중국과 인도의 영향을 받았어요
  - 37년 동안 지은 앙코르 와트
  - 중국의 지배에 저항한 베트남
  - 베트남 여성의 힘을 보여 준 쯩짝 자매

세계사 속 한국사 ········ **76**
백제 사람은 코끼리를 어떻게 알았을까요?

세계사 놀이터 관련 없는 그림 찾기 ········ **78**

사막에서 세계로 뻗어 나간 이슬람

- **이슬람교를 탄생시킨 무함마드** ················ 82
  - 사막 곳곳을 누빈 아랍 사람들
  - 상인들이 몰려든 무역 도시 메카
  - 무함마드가 신에게 대답을 들었어요
  - 아라비아 반도를 뒤덮은 이슬람 깃발
  - 이슬람의 다섯 기둥

- **세계를 향해 나아가는 이슬람 제국** ············ 90
  - 대대로 칼리프가 된 우마이야 왕조
  - 아바스 왕조는 우마이야와 달라!
  - 다양한 사람들이 북적북적! 국제도시 바그다드
  - 당나라와 겨룬 탈라스 전투
  - 새로운 병사 맘루크가 나타났어요
  - 튀르크 족이 이슬람을 이끌었어요

세계사 속 한국사 ································ 99
한반도에 온 이슬람 상인들

- **동쪽과 서쪽을 연결한 이슬람 문화** ············ 100
  - 이슬람 세계에서 가장 신성한 책 〈쿠란〉
  - 이슬람 학자들은 끊임없이 연구했어요
  - 숫자와 과학이 발달했어요
  - 천 일 동안의 이야기 〈천일야화〉
  - 세계 곳곳을 누빈 이슬람 상인들
  - 이슬람이 세상을 연결시켰어요
  - 이븐 바투타의 세계 여행
  - 모스크에는 신 그림이 없어요

세계사 속 한국사 ································ 116
박지원의 청나라 기행문 〈열하일기〉

세계사 놀이터 틀린 그림 찾기 ················ 118

크리스트교와 중세 유럽

- **서유럽에 새 바람이 불었어요** ················ 122
  - 서로마에 프랑크 왕국이 세워졌어요
  - 카롤루스 왕이 서로마 황제로 인정받았어요

- 프랑크 왕국이 혼란에 빠졌어요
- 혼란 속에서 봉건 제도가 자리 잡았어요
- 농노들이 힘든 생활을 했어요
- 한 청년이 기사가 되었어요

세계사 속 한국사 ·· 134
전쟁터를 주름잡은 고구려의 기마 무사

• **로마 제국의 영광을 꿈꾼 비잔티움 제국** ······· 136
- 비잔티움 제국이 살아남았어요
- 로마 제국의 영광을 되찾은 유스티니아누스
- 성 소피아 성당이 세워졌어요
- 누구나 탐내는 콘스탄티노폴리스
- 이슬람 세력으로부터 나라를 지켰어요
- 교회가 동서로 갈라졌어요
- 비잔티움 제국의 후계자, 슬라브 족

• **유럽 사람들의 정신적 기둥, 크리스트교** ······· 148
- 교회 안에서 하나가 된 마을 사람들
- 카노사에서 황제가 교황에게 무릎을 꿇었어요
- 곳곳에 높고 뾰족한 성당을 세웠어요

세계사 속 한국사 ·· 154
우리나라 최초의 성당

• **신의 이름으로 벌어진 비극, 십자군 전쟁** ······· 156
- 비잔티움 황제가 교황에게 도움을 청했어요
- 신의 뜻과 다른 십자군 전쟁
- 살라딘과 리처드 1세
- 십자군에게 배신 당한 비잔티움 제국
- 많은 변화를 가져온 십자군 전쟁

• **유럽이 바뀌기 시작했어요** ······························ 166
- 이곳저곳에 도시가 생겨났어요
- 학문이 발달하면서 대학이 생겼어요
- 흑사병이 유럽을 휩쓸었어요
- 장원이 흔들리기 시작했어요
- 영주의 힘은 약해지고 왕의 힘은 강해지고

세계사 속 한국사 ·· 172
우리나라와 유럽의 성 이야기

세계사 놀이터 숨은 그림 찾기 ····················· 174

세계사 놀이터 정답 ······································ 176

〈부록〉 세계사 연표

중국은 한나라의 멸망으로 여러 개로 나뉘었어요. 그러다 수나라에 의해 다시 하나가 되었어요. 하지만 수나라는 무리한 전쟁과 대운하 공사로 망하고 말지요. 그 뒤를 이어 당나라가 세워졌어요. 한편 일본은 야마토 정권이 등장하면서 한반도와 중국의 문화를 적극적으로 받아들였어요. 이렇듯 동아시아는 곳곳에서 커다란 변화가 일어났어요. 그럼 지금부터 동아시아에 어떤 변화가 있었는지 알아볼까요?

큰 변화 속의 동아시아

유목 민족과 한족이 겨루었어요

천하가 셋으로 나뉘었어요

나이 어린 사람이 계속 황제가 되고, 자기 욕심만 채우려는 황제의 주변 사람들 때문에 한나라는 힘이 약해졌어요. 그러자 지방을 다스리던 호족들이 불만을 품고 서로 황제가 되겠다며 다투었어요. 결국 한나라는 망했고, 중국은 위나라, 촉나라, 오나라 삼국으로 나뉘었어요. 위나라는 조조, 촉나라는 유비, 오나라는 손권이 다스리며 천하통일을 꿈꾸었지요. 하지만 세 나라를 통일한 것은 진나라였답니다. 진나라는 위나라의 신하인 사마염이 위나라를 무너뜨리고 세운 나라예요.

북쪽에서 유목 민족이 쳐들어왔어요

280년, 진나라가 삼국을 통일하자 백성들은 무척 기뻤어요.
'드디어 지긋지긋한 전쟁이 끝났구나!'
하지만 기쁨이 슬픔으로 바뀌는 데는 오래 걸리지 않았어요. 왕 자리를 놓고 귀족들끼리 다투는 바람에 나라가 다시 어지러워졌거든요. 엎친 데 덮친 격으로 흉노를 비롯한 다섯 유목 민족들이 쳐들어왔어요. 진나라는 그렇게 무너지고 말았답니다.

남쪽에 다시 세워진 진나라

하지만 진나라가 완전히 없어진 것은 아니었어요. 살아남은 진나라 귀족들이 남쪽으로 내려가 진나라를 다시 세웠거든요. 이렇게 남쪽에 다시 세워진 진나라를 동진, 멸망한 이전의 진나라를 서진이라고 해요. 서진이 있던 북쪽에는 유목 민족이 세운 나라들이 생겨나면서 서로 다투었어요. 위, 촉, 오로 나뉘어 다투던 삼국 시대부터 수나라에 의해 중국이 다시 통일되기 전까지를 '위·진·남북조 시대'라고 해요.

남쪽이 크게 성장했어요

남쪽으로 간 사람들은 진나라 귀족만이 아니었어요. 백성들도 혼란을 피해 남쪽으로 떠났지요. 그들은 새로운 보금자리에서 열심히 농사를 지었어요. 남쪽으로 온 기술자들은 여러 가지 물건을 만들었고요. 남쪽 땅은 점점 쌀과 농작물이 풍부해지고 질 좋은 물건도 많아졌어요. 그러자 물건을 사고파는 상인들이 늘어났지요. 곳곳에 시장과 새로운 도시가 생겨났답니다.

귀족들은 나랏일에 관심이 없었어요

진나라 귀족들은 남쪽으로 내려와서도 그 힘을 그대로 가지고 있었어요. 자손 대대로 높은 관직과 넓은 땅을 차지했지요. 힘없는 귀족은 아무리 능력이 뛰어나도 높은 관직에 오르지 못했어요. 하지만 힘센 귀족들은 나라를 다스리는 일에 관심이 없었어요. 그들은 아랫사람에게 나랏일을 맡겨두고 산이나 강가에서 시를 짓거나 그림 그리는 일을 즐겼답니다.

유목 민족과 한족을 하나로!

서진이 멸망한 뒤, 유목 민족은 여러 개의 나라를 세웠어요. 열여섯 개의 나라가 세워지고 망하기를 반복하였죠. 이 유목 민족을 통일한 나라는 선비족이 세운 '북위'예요. 북위의 황제인 효문제는 한족의 문화를 받아들이기 위해 노력했어요. 유목 민족과 한족의 결혼을 허락하고, 유목 민족의 언어 대신 한족의 언어를 쓰게 했지요. 이러한 효문제의 정책은 나라를 발전시키는 데 큰 도움을 주었답니다.

불교가 널리 퍼지기 시작했어요

위·진·남북조 시대에는 계속되는 전쟁과 혼란 속에서 많은 백성이 배고픔과 질병으로 죽어갔어요. 백성들은 살아가는 것 자체가 고통이었어요. 현실이 괴로울수록 모든 것을 버리고 도망치고 싶었지요. 그때 백성의 마음을 잡아 준 것이 바로 불교였어요. 황제는 불교가 좀 더 퍼지면 백성의 마음이 하나로 모이고 나라가 안정될 거라고 생각했어요. 그래서 불교를 알리기 위해 무척

룽먼 석굴

내가 밀어줄 테니 절을 팍팍 지으시오!

노력했어요. 황제는 불교가 널리 알려지면 백성들이 불교를 적극적으로 밀어준 자신을 존경할 거라고 생각했지요.

그 후, 황제의 도움으로 많은 절과 룽먼, 둔황 등의 거대한 석굴 사원이 세워졌어요. 황제는 훌륭한 승려를 새로 지은 절로 부르거나, 불경을 번역하게 하여 부처의 말씀을 실천하고 알리는 데 앞장섰답니다.

병든 아버지가 빨리 낫게 해 주세요.

중국을 다시 통일한 수나라

문제가 백성들을 위한 정치를 펼쳤어요

589년, 중국은 수나라를 세운 문제의 손에 다시 하나가 되었어요. 문제는 전쟁에 지친 백성들의 몸과 마음을 다독이기 위해 노력했어요. 우선 세금을 줄이고, 각종 공사를 위해 끌려왔던 백성들을 집으로 돌려보내는 등 백성을 편안하게 해 주었지요. 문제 스스로도 화려한 잔치를 줄이고 낡은 옷도 다시 손질해 입는 등 씀씀이를 줄여 나갔어요.

문제는 시험을 봐서 관리를 뽑는 '과거제'도 만들었어요. 이전까지는 귀족의 추천을 받은 사람만 관리가 되었는데, 이제는 능력이 있으면 관리가 될 수 있는 시대가 열린 거지요. 새로 뽑힌 관리들은 귀족의 눈치를 보지 않고 황제에게 충성을 바쳤어요. 그래서 황제의 힘이 더욱 강해졌지요. 문제의 노력 덕분에 수나라는 전쟁의 상처를 회복할 수 있었어요.

양제가 대운하를 건설했어요

양제는 아버지인 문제를 밀어내고 황제가 되었어요. 양제는 여러모로 아버지와 달랐어요. 아껴 쓰는 생활을 중요시하던 문제와 달리, 그는 화려한 궁전을 짓고 잔치를 즐겼지요. 양제는 문제가 모아 둔 많은 돈으로 여러 가지 일을 벌이기 시작했어요. 그중 가장 신경 쓴 일이 대운하 건설이에요. 운하란 육지를 파서 배가 다닐 수 있게 만든 길이에요.

대운하가 있으면 사람들과 여러 물건이 쉽게 오고 갈 수 있었어요. 대운하는 땅이 넓은 중국에 꼭 필요했어요. 하지만 대운하를 만들기 위해서는 많은 돈과 백성들의 피땀 어린 노력이 필요했지요. 우여곡절 끝에 황허 강, 화이허 강, 양쯔 강 등을 연결한 대운하가 완성되었어요. 양제는 대운하 완성을 축하하기 위해 커다란 배를 타고 여행하며 잔치를 벌였답니다.

고구려 침략에 실패했어요

대운하를 완성한 양제는 기분이 우쭐했어요. 그래서 문제가 끝내 성공하지 못한 고구려 침략을 계획했어요. 하지만 이 전쟁은 수나라를 망하게 한 가장 큰 이유가 되었지요. 양제는 문제가 고구려와 전쟁 준비가 부족해서 실패했다고 생각했어요. 그래서 100만 대군을 모아 고구려로 쳐들어갔답니다. 하지만 고구려에게 지고 말았어요. 게다가 문제가 남겨 놓은 돈도 바닥이 나 버렸지요. 하지만 양제는 고구려에 대한 욕심을 버리지 않았어요.

큰 변화 속의 동아시아

양제는 백성들의 고통은 아랑곳하지 않고 두 번이나 더 고구려를
공격했어요. 그러나 모두 헛수고로 끝나고 말았답니다. 더 이상
참지 못한 백성들은 반란을 일으켰고, 양제는 목숨을 잃었어요.
결국, 수나라는 나라가 세워진 지 30여 년 만에 무너져 버렸답니다.

세계적인 나라로 성장한 당나라

당나라를 안정시킨 태종

수나라의 뒤를 이어, 당나라가 세워졌어요. 당나라를 세운 사람은 이연(고조)이고, 나라를 안정시킨 사람은 이연의 둘째 아들 이세민(태종)이에요. 태종은 살기 좋은 나라를 만들겠다고 다짐했어요. 이를 위해서는 법이 필요했지요. 태종은 '율령'이라는 법을 만들었고, 법을 어기는 사람은 아무리 아끼는 신하라도 벌을 주었답니다.

큰 변화 속의 동아시아

또한 태종은 신하들의 의견에 귀 기울이기 위해 노력했어요. 가끔 신하의 충고가 기분 나쁘기도 했지만 화를 꾹 참고 받아들였지요. 특히 나라를 위해 충고를 많이 하는 신하에게 큰 상을 주기도 했어요. 태종은 전쟁에도 강했기 때문에 유목 민족을 정복하는 일에 앞장섰어요. 당나라는 오랜 싸움 끝에 주변의 유목 민족을 무너뜨리고 영토를 넓혔답니다.

인도에 가서 불교를 공부했어요

'폐하, 저는 부처님의 말씀을 깨닫기 위해 인도로 떠나고자 하옵니다. 허락해 주시옵소서.'

승려 현장은 인도로 공부하러 가고 싶다고 태종에게 글을 올렸어요. 하지만 태종은 허락할 수 없었어요. 아직 당나라가 안정되지 않아 백성이 다른 나라로 여행하는 것을 막아야 했기 때문이에요. 그러나 현장은 포기할 수 없었어요. 부처의 말씀을 공부하고 싶은 마음에 몰래 떠나기로 마음먹었지요.

나는 꼭 인도에 가서 부처님 말씀을 공부할 거야!

여행은 무척 힘들었어요. 무엇보다 사막의 모래바람과 타는 듯한 더위를 견딜 수 없었지요. 물통마저 사막 어딘가에 떨어뜨리고 말았어요. 5일 동안 물을 마시지 못한 현장은 환상을 보기도 했어요. 힘들게 인도에 도착한 그는 열심히 공부를 하였고 18년 만에 당나라로 돌아왔어요. 그가 여행한 거리는 총 1만 8천여 킬로미터나 되었어요. 현장은 여행을 하며 보고 들은 것을 〈대당서역기〉라는 책으로 남겼답니다.

중국 최초의 여자 황제, 측천무후

측천무후는 중국 최초의 여자 황제예요. 그녀는 태종의 후궁*이었을 때 뛰어난 외모와 재능으로 태종의 아들인 고종의 마음을 사로잡았어요. 고종의 사랑을 독차지한 측천무후는 고종이 죽자 당나라의 모든 권력을 손에 넣었어요. 그리고 자신에게 반항하는 귀족을 죽이거나 관직에서 내쫓았지요. 그 빈자리에는 과거 시험을 보고 관직에 오른 새로운 사람들이 앉게 되었어요.

★**후궁** 황제의 두 번째 이후 부인이에요. 왕비보다 지위가 낮았어요.

큰 변화 속의 동아시아

측천무후는 여자의 몸으로 황제의 자리에 올랐어요. 귀족들은 그녀의 강력한 통치에 두려움을 느꼈어요. 하지만 백성들은 나라를 잘 다스리는 측천무후를 존경했답니다. 먹고살기 편해진 백성들의 수는 크게 늘었고 전쟁이 줄어들자 군사비도 아낄 수 있었어요. 측천무후는 나라에 도움이 되는 관리를 뽑기 위해 직접 시험 문제를 내기도 했어요. 여기에서 뽑힌 관리들은 훗날 당나라를 이끄는 새로운 일꾼이 되었답니다.

요즘 너무 살기 좋아졌어요! 고마워요!

세계 최대의 국제도시, 장안

당나라 궁궐에서 잔치가 열리는 날이에요. 수도인 장안에는 외국에서 온 손님들로 북적거렸어요. 그중에는 신라, 일본은 물론 페르시아나 비잔티움 제국 사람들도 있었지요. 장안 사람들은 외국인이 낯설지 않았어요. 장안 곳곳에 외국에서 온 귀한 물건을 구하려는 상인들이 늘 넘쳐났기 때문이에요. 장안은 인구 100만을 자랑하는 세계 최대의 국제도시였어요.

큰 변화 속의 동아시아

장안 사람들은 외국에서 건너온 문화를 즐겼어요. 외국에서 들어온 호두와 깨 같은 견과류를 넣어 만든 음식인 '호병'은 장안에서 인기가 많았어요. 또 이슬람 사원, 교회 등의 종교 시설 덕분에 다양한 종교를 믿는 외국인들이 편하게 종교 활동을 할 수 있었어요. 어떤 외국인은 평생 동안 장안에서 살기도 했답니다.

역사 속으로 사라진 당나라

당나라는 여섯 번째 황제인 현종 때 가장 살기 좋았어요. 나라 창고에 곡식이 얼마나 많이 쌓였던지 썩어서 버릴 정도였지요. 하지만 시간이 지나면서 당나라에서도 멸망할 조짐이 나타나기 시작했어요. 귀족이 백성의 재물을 빼앗아 욕심을 채웠고, 가진 것 없는 백성은 거리에서 죽어갔지요. 현종 또한 나라를 돌보지 않아 백성들은 불만이 점점 쌓였어요. 그러던 중 755년 안녹산이 반란을 일으켰어요. 당나라는 겨우 반란군을 물리쳤지만 힘을 잃고 말았지요. 그 후, 황소의 반란으로 더욱 큰 피해를 입은 당나라는 907년 주전충에 의해 멸망했답니다.

말은 달라도 서로 통했어요

당나라에서는 신라 인이든 일본인이든 베트남 인이든 금방 친해질 수 있었어요. 말은 서로 달랐지만 모두 한자를 알고 있었기 때문이죠. 그래서 한자를 쓰며 이야기를 나누었어요. 특히 신라 인은 당나라 생활에 적응을 잘했어요. 신라에서도 중국의 한자를 사용했고, 당나라처럼 불교와 유교에 관심이 많았기 때문이죠. 이렇게 당나라 시대에는 신라와 발해, 일본과 베트남까지 한자와 유교, 불교 등을 공통으로 하는 문화권이 만들어졌어요.

예빈도
장회 태자 묘의 벽화 중 일부예요. 당나라 관리들이 여러 나라에서 온 사신들을 맞이하는 모습이에요.

세계사 속 한국사: 당나라에서 성공을 꿈꾼 최치원

'과거에 합격해야 신라에 계신 아버님이 마음을 놓으실 텐데…….'
빈공과가 치러지는 시험장 안에는 긴장감이 흘렀어요. **빈공과는 당나라가 주변 나라의 인재를 끌어들이기 위해 만든 시험**이었어요. 빈공과에 합격하면 당나라에서 관직 생활을 할 수 있었지요. 비록 높은 관직은 아니었지만 당나라의 관리가 되려면 빈공과에 합격을 해야만 했어요.

빈공과 덕분에 당나라는 각 나라 젊은이들에게 기회의 땅이 되었어요. 신라의 최치원도 그 기회를 놓치지 않았어요. 최치원은 6두품 출신이라는 높지 않은 신분 때문에 신라에서 아무리 노력해도 성공할 수 없었어요. 그래서 열두 살의 어린 나이에 당나라로 건너왔어요. 그는 빈공과에 합격하기 전에는 신라로 돌아가지 않겠다고 마음먹고, 졸음을 쫓느라 가시로 허벅지를 찔러가며 열심히 공부했어요. 이러한 노력 덕분에 **최치원은 우수한 성적으로 빈공과에 합격**하였고 **뛰어난 문장가**로 이름을 떨쳤어요.

나도 이제 당나라의 관리라오.

천황의 나라, 일본

야마토 정권이 세워졌어요

중국이 위·진·남북조 시대의 혼란을 겪은 무렵, 일본은 야마토 지역에서 새로운 정치 세력이 나타나 주변 지역을 통일시켰어요. 이렇게 성장한 야마토 정권은 나라를 발전시키기 위해 백제, 고구려 등의 한반도 여러 나라와 중국의 남조로부터 많은 기술과 불교 등을 받아들였어요. 그 결과 아스카 문화가 발전했지요. 특히 불교는 백성의 마음을 하나로 모으는 데 큰 역할을 했어요.

호류 사

고구려의 승려 담징의 그림 실력이 참으로 대단하구나!

큰 변화 속의 동아시아

일본은 절을 짓기 위해 백제와 고구려의 많은 기술자가 필요했어요. 백제의 기술자들은 절에 사용할 기와를 굽고 5층 목탑을 쌓는 데 큰 도움을 주었지요. 그런가하면 고구려의 승려 담징은 호류 사라는 절에 화려한 벽화를 그려 일본인들을 놀라게 했어요. 이처럼 야마토 정권은 큰 절을 지어 강력한 힘을 보여 주었고, 백성들은 점차 불교와 뗄 수 없는 관계가 되었어요.

호류 사 금당 벽화

담징 스님 완전 멋져요!

일본이라 불리기 시작했어요

일본이 불교문화를 꽃피우던 무렵이에요. 수나라가 멸망하고 당나라가 천하를 통일한 큰 사건이 일어났어요. 주변 나라들은 자연스럽게 당나라의 영향을 받기 시작했지요. 일본은 변화하는 나라들을 보며 '이제 우리도 왕을 중심으로 힘을 길러야겠다.'라고 생각했어요. 645년, 당나라의 법과 여러 제도를 본받아 '다이카 개신'이라고 불리는 개혁이 일어났어요. 하지만 개혁은 쉽지 않았어요.

큰 변화 속의 동아시아

형제처럼 지내던 백제가 신라와 당나라에 의해 멸망했기 때문이에요. 하지만 일본은 개혁을 포기하지 않았어요. 언젠가 자기도 신라와 당나라에게 공격당할지 모른다는 두려움에 개혁을 밀어붙였지요. 마침내 새로운 나라가 모습을 드러냈어요. 우선 당나라의 수도인 장안을 본떠 '헤이조쿄'라는 도시를 세우고 수도를 옮겼어요. 그리고 나라 이름을 '일본'이라고 부르기 시작했어요. 왕은 신의 후손이라는 뜻으로 '천황'이라고 불렀지요.

이 나라의 이름은 일본이다!

천황을 두려워하지 않는 귀족들

다시 태어난 일본의 힘은 오래가지 못했어요. 귀족들이 권력을 차지하기 위해 서로 다투기 시작했기 때문이에요. 게다가 온갖 자연재해와 많은 세금 때문에 살아가기 힘들어진 농민들이 귀족에게 몸을 맡겼어요. 귀족은 그 농민들을 노예처럼 부리며 힘을 키워나갔지요. 점차 귀족은 천황을 두려워하지 않을 정도로 힘을 가지게 되었어요.

★**자연재해** 태풍, 가뭄, 홍수 등 피할 수 없는 자연 현상으로 일어나는 피해예요.

큰 변화 속의 동아시아

천황은 어떻게 해야 힘을 되찾을 수 있을지 고민했어요. 고민 끝에 수도를 헤이조쿄에서 헤이안(현재의 교토 지역)으로 옮겼어요. 하지만 귀족들의 힘은 약해지지 않았어요. 오히려 천황이 귀족들에게 꼼짝도 못하는 상황에 이르렀죠. 심지어 귀족들은 세금도 내지 않았답니다. 귀족은 무사들을 곁에 두어 자신의 몸을 지켰는데 이 무사들이 훗날 새로운 시대를 여는 역할을 하게 되지요.

도다이 사의 거대한 불상

8세기 무렵 일본은 계속되는 자연재해와 각종 전염병으로 큰 어려움을 겪었어요. 엎친 데 덮친 격으로 반란도 자주 일어나 수많은 사람이 목숨을 잃었죠. 천황은 힘들어하는 백성들의 마음을 안정시키기 위해 나라 곳곳에 커다란 절을 지으라고 명령했어요. 부처의 힘을 빌려 나라에 불어닥친 힘든 일을 이겨내고자 한 것이죠. 승려들은 일본 곳곳을 돌아다니며 절을 짓기 위한 재물을 모았어요. 백성들은 정성을 다해 재물을 바쳤지요.

도다이 사 청동 불상

건강하게 해 주세요.

큰 변화 속의 동아시아

드디어 '도다이 사'라는 거대한 절이 모습을 드러냈어요. 약 260만 명의 도움으로 지어진 일본 최대의 건축물이지요. 이 절의 볼거리는 대불전★에 있는 거대한 불상이에요. 5층 건물 높이쯤 되는 이 불상은 엄청난 양의 청동으로 만들어졌어요. 일본에 있는 대부분의 청동을 써서 다른 곳에서는 청동을 구경하기 힘들 정도였어요. 사람들은 도다이 사의 거대한 불상을 보며 평화로운 세상이 오기를 간절히 기도했답니다.

★**대불전** 큰부처를 모셔 둔 법당을 말해요.

부자 되게 해 주세요.

일본 최초의 글자가 탄생했어요

일본은 당나라에게 여러 문화를 배우기 위해 노력했어요. 그래서 힘들게 배를 타고 당나라까지 가서 공부했지요. 그러던 중 당나라에서 혼란이 일어나자 당나라 문화보다 일본 고유의 문화를 찾아야 한다는 목소리가 높아졌어요. 일본의 고유 문자인 '가나'도 이런 흐름 속에서 탄생하였지요.

큰 변화 속의 동아시아

하지만 우리나라에서 한글이 양반에게 좋은 평가를 받지 못한 것처럼 일본의 가나 역시 귀족에게 하찮은 취급을 받았어요. 그럼에도 불구하고 가나는 한자를 제대로 배우지 못해 글을 읽고 쓰지 못한 여성과 평민을 중심으로 빠르게 퍼져 나갔어요. 그 후, 여성과 평민들이 자신의 생각을 글로 표현할 수 있게 되었답니다.

이제 나도 글을 쓰고 읽을 수 있어!

여인이 저토록 훌륭한 글을 쓸 줄이야.

아름다운 소설을 쓴 무라사키 시키부

일본의 한 고을에 무라사키 시키부라는 소녀가 살았어요. 그녀는 어려서부터 무척 똑똑했지요. 하지만 자유롭게 공부를 할 수 없었어요. 여자는 공부할 필요가 없다는 당시의 분위기 때문이었죠. 그러나 그녀의 재능을 아깝게 여긴 아버지가 글을 읽고 쓰는 방법을 가르쳤어요. 얼마 뒤, 그녀는 문학에 큰 재능을 나타내기 시작했답니다.

하지만 무라사키 시키부의 인생은 생각처럼 행복하지 못했어요. 결혼 뒤, 갑작스럽게 남편이 죽어서 외롭게 살았기 때문이에요. 홀로 남은 그녀는 궁궐에서 가정교사로 일하며 살기로 결심했어요.

큰 변화 속의 동아시아

때때로 찾아오는 외로움은 글을 쓰며 이겨 냈지요.
무라사키 시키부가 쓴 소설 〈겐지 이야기〉는 일본 최고의
문학 작품으로 평가 받게 되었어요.

한반도와 일본의 문화유산이 닮았어요

 2001년 한국과 일본은 일본 천황의 말에 깜짝 놀랐어요. 일본 황실 사람들에게 백제의 피가 흐르고 있다는 사실을 천황이 인정했기 때문이에요. 천황의 말처럼 과거 고구려, 백제, 가야, 신라는 일본과 가까이 지냈어요. 한반도에서 수많은 사람이 일본으로 건너가 기술을 가르쳐 주기도 하고, 정치에 직접 참여하면서 일본 역사에 많은 영향을 끼쳤지요. 특히 백제와 일본은 형제처럼 사이가 좋았어요.

한반도의 여러 나라와 일본이 얼마나 활발하게 교류했는지는 유물을 통해 알 수 있어요. 그중에서도 한국의 '금동 미륵보살 반가사유상'과 일본의 '목조 미륵보살 반가사유상'은 무척 닮았어요.

오우~ 두 반가사유상은 너무 닮았어요!

한국의 금동 미륵보살 반가사유상

일본의 목조 미륵보살 반가사유상

'고구려 수산리 고분 벽화'와 일본의 '다카마쓰 고분 벽화'도 무척 비슷해요. 일본 벽화에 그려진 옷을 보면 저고리가 치마를 덮는 방식이라 중국과 다른 옷차림이에요. 즉, 중국의 영향을 받지 않았다는 뜻이지요. 그래서 이 벽화는 고구려의 영향을 받지 않았을까 추측하고 있지요.
그 외에도 일본에는 한반도와 관련된 유적, 유물이 이곳저곳에 많답니다. 심지어 일본에 가서 학문을 가르쳐 준 백제 사람 왕인은 학문의 신으로 존경 받고 있어요. 지금은 안타까운 역사로 인해 가깝고도 먼 나라가 된 일본이지만, 옛날에는 서로 영향을 주고받는 관계였어요.

고구려 수산리 고분 벽화   일본의 다카마쓰 고분 벽화

백제 사람인 나 왕인은 일본에서 학문의 신으로 존경받고 있다고.

당나라의 수도 장안은 세계 최대의 국제도시였어요.
많은 외국 손님과 신기한 물건들로 가득했지요.
그런데 두 그림 중 다른 곳이 다섯 군데 있어요.
찾아서 ○ 해 보세요.

인도에 굽타 왕조가 나타났어요. 굽타 왕조는 인도의 국민 종교인 **힌두교**를 자리 잡게 했지요. 그러다 굽타 왕조가 약해지자 이슬람 세력이 인도로 들어오면서 **이슬람교**가 퍼지게 되었어요. **인도**는 큰 땅을 가진 만큼 **다양한 문화**를 지녔어요. 그래서 가까이에 있는 **동남아시아 문화에 많은 영향**을 주었지요. 그렇다면 인도와 동남아시아가 어떻게 자신만의 문화를 만들고 서로 어울렸는지 살펴볼까요?

다양한 문화 속 인도와 동남아시아

인도 문화를 꽃피운 굽타 왕조

인도의 북쪽을 지배한 굽타 왕조

오랜 시간 인도를 지배하던 쿠샨 왕조가 사산 왕조 페르시아에게 밀려 약해지자 인도 북쪽에 수많은 나라가 생겨났어요. 이 혼란을 잠재운 나라가 바로 굽타 왕조예요. 찬드라 굽타 1세는 굽타 왕조를 세운 뒤 힘을 키워나갔어요. 그의 손자인 찬드라 굽타 2세는 벵골 만에서 인더스 강 하류까지 북인도 대부분을 차지했지요. 나라가 안정되자 다른 나라와의 장사도 활발히 이루어졌어요. 나라 살림이 넉넉해진 굽타 왕조는 학자와 예술가를 도와주었어요. 이런 노력 덕분에 인도 고유의 문화를 꽃피울 수 있었지요.

인도의 국민 종교인 힌두교가 탄생했어요

굽타 왕조 때, 사람들은 인도 고유문화를 되찾기 위해 노력했어요. 그래서 불교 대신 힌두교가 자리를 잡게 되었어요. 힌두교는 브라만교에 인도의 민간 신앙과 불교가 더해져 탄생한 종교예요. 힌두교는 브라만교와 달리 제사 의식이 간단해서 사람들이 쉽게 믿을 수 있었어요. 또한 '카스트'라는 신분 제도를 매우 중요하게 여겼어요. 힌두교를 믿는 사람들은 죽은 뒤에 다시 낮은 신분으로 태어나지 않기 위해 높은 신분에게 복종해야 한다고 생각했답니다.

소는 힌두교의 신이에요

힌두교에는 수많은 신이 있어요. 힌두교는 신이 다양한 모습으로 세상에 나타난다고 믿었어요. 그래서 부처도 힌두교의 신 중 하나예요. 힌두교는 이 세상 모든 곳에 신이 있다고 생각했어요. 코끼리, 원숭이, 개, 쥐 등을 비롯한 여러 동물과 비, 바람, 강 같은 자연에도 신이 있다고 여겼지요. 특히 힌두교는 소를 성스럽게 여겼어요. 그래서 힌두교도는 소를 죽이지 않았어요. 소고기는 물론, 소젖으로 만든 버터나 치즈도 먹지 않지요.

다양한 문화 속 인도와 동남아시아

사람들은 길에서 소를 만나면 길을 비켜 준답니다. 소는 파괴의 신 '시바'가 타고 다니는 동물이었기 때문이에요. 소를 신처럼 대접하는 이유는 또 있었어요. 소는 농사를 지을 때 꼭 필요한 동물이기 때문이에요. 소를 잡아먹으면 넓은 땅을 가꿀 수 없게 되니까요.

인도의 영웅, 라마야나 이야기

굽타 왕조 때, 인도를 대표하는 여러 이야기가 지어졌어요.
그중 대표적인 이야기가 '라마야나'예요. 인도의 어느 왕국 왕자인 라마는
이웃 나라 공주인 시타와 결혼했어요. 하지만 새어머니가 꾸민 나쁜 꾀에
휘말려 라마와 시타는 왕궁을 떠나 숲에서 살아갔지요. 그러던 어느 날
마왕이 시타를 납치해 갔어요. 라마는 동생과 함께 시타를 구하러 갔어요.
그리고 원숭이 왕과 그의 신하인 하누만의 도움으로 마왕을 죽이고
시타를 구했지요.

다양한 문화 속 인도와 동남아시아

라마는 시타를 데리고 왕국으로 돌아갔어요. 백성들은 마왕을 물리치고 돌아온 라마를 환영했어요. 라마는 새로운 왕이 되었지요. 하지만 시타는 마왕에게 잡혀 있었다는 이유로 사람들에게 미움을 받았어요. 라마는 백성의 뜻을 존중하여 시타와 헤어질 수밖에 없었어요. 라마는 오래도록 시타를 잊지 못했어요. 그래서 시타를 찾아 나섰지만 이미 죽은 뒤였답니다. 혼자 남은 라마는 자신의 나라로 돌아와 슬픔을 이겨내고, 훌륭한 왕이 되기 위해 노력했어요.

영(0)의 발견이 수학 수준을 높였어요

숫자 없는 세상을 생각해 본 적 있나요? 나이, 키, 돈의 액수 등 많은 것이 숫자로 표현되지요. 이렇게 우리가 쓰고 있는 숫자는 인도에서 온 거예요. 특히 영(0)의 발견은 사람들에게 편리함을 가져다주었어요.
영(0) 덕분에 큰 숫자도 표현할 수 있게 되었지요. 천, 만, 억 등 영(0)만 붙이면 숫자는 무궁무진해지지요.
인도에서 발달한 것은 수학뿐만이 아니었어요. 천문학 역시 높은 수준을 자랑했죠. 지구가 태양 주위를 돈다고 주장하는 사람이 나타나기도 했답니다.

다른 종교를 존중했어요

인도 사람들은 신에게 제사를 지내기 위해 석굴 사원을 만들었어요. 석굴 사원 안에는 조각상과 벽화가 가득했어요. 특히 굽타 왕조 시대에는 인도인의 모습을 담은 수많은 벽화가 그려졌답니다. 그중 엘로라 석굴 사원에는 불교, 힌두교, 자이나교 사원이 함께 있어요. 가장 먼저 불교 사원이 만들어진 다음, 힌두교, 자이나교 사원이 만들어졌지요. 인도인은 자신이 믿는 종교와 다르다고 해서 다른 사원을 파괴하지 않았어요. 다른 종교를 존중하고 이해했기 때문이에요.

엘로라 석굴 사원

북쪽에 이슬람 왕조가 들어섰어요

굽타 왕조는 6세기 말부터 다른 민족의 잦은 침입으로 인해 점점 힘이 약해지고 있었어요. 그러자 8세기 이후, 이슬람 세력이 인도로 들어오기 시작했어요. 이슬람 지역의 서쪽에 위치한 인도는 무척 욕심나는 땅이었거든요. 그 결과 13세기 초에는 인도 역사상 최초의 이슬람 왕조가 세워졌지요. 왕조의 지배자는 바그다드의 칼리프로부터 술탄이라는 칭호를 받았어요. 그래서 이때 인도의 델리 지역을 중심으로 등장한 왕조를 '델리 술탄 왕조'라고 불러요.

★칼리프 '예언자의 후계자'라는 뜻이에요. 이슬람교를 이끌고 이슬람 세력을 다스리는 사람이지요.

다양한 문화 속 인도와 동남아시아

인도인이 이슬람 문화를 받아들였어요

델리 술탄 왕조는 힌두교를 믿는 인도인에게 이슬람교를 강요하지 않았어요. 힌두교 사원을 부수지 않고 세금을 잘 내면 원래 믿던 종교를 계속 믿을 수 있게 해 주었죠. 덕분에 인도인들은 이슬람교도와 잘 어울려 살았지요. 그러다 모든 것이 신 앞에서 평등하다고 가르치는 이슬람교 사상에 관심을 가졌어요. 힌두교의 엄격한 신분 제도가 힘들었기 때문이에요. 종교를 이슬람교로 바꾸는 사람이 점차 늘어났어요. 이렇게 이슬람교는 힌두교와 더불어 인도의 대표 종교가 되었답니다.

지역에 따라 서로 다른 문화가 있었어요

인도 북쪽의 어느 마을에 장례식이 있는 날이었어요. 그들은 죽은 사람이 불과 함께 사라질 거라고 믿었지요. 그런데 불 속으로 들어가는 것은 죽은 사람만이 아니었어요. 죽은 사람의 부인도 산 채로 불 속에 던져졌어요. 부인은 남편을 따라 죽는 것이 억울하지만 어쩔 수 없었어요.
힌두교를 믿는 가족들은 부인이 남편을 따라 죽어야 자신들의 죄가 없어진다고 믿었으니까요. 하지만 힌두교를 믿는다고 해서 모두 그 풍습을 지켰던 것은 아니에요.

다양한 문화 속 인도와 동남아시아

인도 남쪽의 촐라 왕조 사람들은 여자를 차별하지 않았어요. 당연히 부인이 남편을 따라 죽는 일은 없었지요. 여자는 집안에서 자신의 의견을 당당히 말할 수 있었고 종교 행사에도 열심히 참여했지요. 심지어 남자와 함께 나라를 다스리기도 했답니다. 카스트 제도 역시 북쪽에 비해 엄격하지 않았어요. 신분이 다른 사람들끼리 결혼하여 새로운 신분이 탄생하는 등, 남쪽은 북쪽보다 자유로웠답니다.

이웃 나라의 영향을 받은 동남아시아

바다를 통해 어디든지 갔어요

비행기도 없고 제대로 된 길도 없던 시절, 바다는 수많은 사람과 물건이 오가는 중요한 길이었어요. 사나운 바람과 파도로 위험하긴 했지만 바다를 통해서라면 어디든지 갈 수 있었지요. 수많은 섬으로 이루어진 동남아시아는 여러 나라에서 찾아온 상인들로 항상 붐볐어요. 바다를 통해 오고 간 것은 사람과 물건만이 아니었어요. 중국, 인도, 이슬람 등 다양한 문화도 함께 퍼졌답니다.

다양한 문화 속 인도와 동남아시아

중국과 인도의 영향을 받았어요

동남아시아에 가장 큰 영향을 준 나라는 인도와 중국이었어요. 가까이에 있는 두 나라의 문화를 받아들인 건 자연스러운 일이었어요. 하지만 동남아시아가 다른 나라 문화를 있는 그대로 받아들인 것은 아니에요. 인도의 힌두교는 받아들였지만 카스트 제도는 받아들이지 않았어요. 이처럼 동남아시아는 자신들의 사정에 맞추어 다른 나라의 문화를 자기 것으로 만들었답니다.

37년 동안 지은 앙코르 와트

동남아시아의 여러 건축물은 인도의 영향을 받았어요. 캄보디아에 세워진 앙코르 와트가 대표적이지요. 캄보디아의 앙코르 제국을 다스리던 수리야바르만 2세는 자신을 힌두교의 신 비슈누라고 여겼어요. 그는 자신의 무덤이자 비슈누 신전으로 앙코르 와트를 지었어요. 앙코르 와트에는 비슈누 신이 사는 상상 속의 천국을 표현하기 위해 다섯 개의 거대한 탑이 세워졌어요.

다양한 문화 속 인도와 동남아시아

앙코르 와트의 벽에는 각종 힌두 신화들이 조각되었어요. 앙코르 와트는 37년이라는 긴 시간 동안 지어졌어요. 수많은 백성과 코끼리가 돌을 옮기고 쌓았지요. 앙코르 와트를 짓는 것은 대공사였기 때문에 하늘의 신이 내려와 하루 만에 지었다는 전설이 생길 정도였어요. 하지만 신전을 짓는 데 너무 많은 힘을 쏟은 앙코르 제국은 멸망의 길을 걷게 되었답니다.

힘들어 죽겠네. 대체 언제까지 만들라는 거야?

중국의 지배에 저항한 베트남

베트남은 중국과 가까이 있기 때문에 중국의 영향을 많이 받았어요. 중국은 베트남을 차지하려 노력했어요. 베트남은 중국이 무자비하게 다스리자 거세게 저항했지요. 이 저항은 천 년 동안 이어졌어요. 결국 베트남은 중국의 당나라가 멸망한 뒤, 응오꾸옌의 독립 운동으로 나라를 지킬 수 있었답니다.

다양한 문화 속 인도와 동남아시아

하지만 오랜 시간 중국의 지배를 받은 베트남은 자연스럽게 중국 문화를 받아들였어요. 베트남 곳곳에 불교와 유교, 도교 사원이 세워졌어요. 사람들은 부적을 쓰고 각종 요술을 부리는 도사의 존재를 믿기도 했어요. 그런가 하면 높은 신분의 사람들은 유교를 공부하고, 한자를 주로 사용했어요.

베트남 하노이 문묘
본래 공자를 모신 사당이었으나, 훗날 왕족과 귀족에게 유학을 가르치는 베트남 최초의 대학이 되었어요.

나는 도교보다는 유교가 좋아.

베트남 여성의 힘을 보여 준 쯩짝 자매

중국의 지배에 천 년 동안 저항한 베트남은 수많은 영웅을 만들어 냈어요. 그중 여성의 몸으로 저항한 쯩짝 자매의 이야기를 들어 볼까요? 중국 한나라가 베트남을 지배할 무렵이었어요. 지방 세력가의 딸이었던 쯩짝에게는 약혼자가 있었어요. 그녀의 약혼자 또한 권력을 가진 집안의 아들이라 많은 사람들의 관심을 받았지요. 하지만 그들이 서로 손잡는 것을 두려워한 한나라가 쯩짝의 약혼자를 죽여 버렸어요.

베트남은 우리 베트남 사람들의 땅이야! 어서 너희 나라로 가!

다양한 문화 속 인도와 동남아시아

화가 난 쯩짝은 동생 쯩니와 함께 반란을 일으켰어요. 불만에 차 있던 수많은 베트남 인들이 함께 반란에 참여했어요. 특히 많은 여성이 무기를 들고 앞장서서 싸웠어요. 한나라를 밀어내고 여러 지역을 차지한 쯩짝은 나라를 세우고 여왕의 자리에 올랐어요. 그것을 본 한나라가 베트남을 공격했어요. 쯩짝 자매가 몇 차례 승리했지만, 훈련이 잘된 한나라 군대를 끝까지 상대하기에는 힘이 들었어요. 쯩짝 자매의 반란은 끝내 실패하고 말았답니다.

백제 사람은 코끼리를 어떻게 알았을까요?

우리나라의 국보 제287호로 지정된 백제 금동 대향로에는 신기한 동물들이 숨어 있어요. 백제 금동 대향로를 자세히 들여다볼까요? 우선 큰 몸집, 긴 코를 가진 코끼리를 볼 수 있어요. 그런데 코끼리는 우리나라에서 흔히 볼 수 있는 동물이 아니었어요. 지금도 코끼리를 보려면 동물원에 가야 하지요. 그런데 백제 사람들이 코끼리를 어떻게 알고 있었을까요? 심지어 백제 금동 대향로에는 악어도 있었어요. 악어 역시 백제에 살던 동물이 아니지요. 백제 사람이 코끼리와 악어를 그릴 수 있었던 이유는 동남아시아에서 직접 보았기 때문이랍니다.

악어 →

← 코끼리

백제 금동 대향로

백제 금동 대향로는 백제와 동남아시아의 관계를 보여 주는 대표적인 유물이에요. 백제 사람들은 배 만드는 기술과 항해술이 뛰어났어요. 그들은 배를 타고 캄보디아 지역으로 건너가 장사를 했어요. 백제 왕은 다른 나라와 장사를 해서 얻은 인도의 특산물을 일본 왕에게 선물로 주기도 했어요. 그런데 동남아시아에 간 것은 장사하는 사람만이 아니었어요. 백제의 승려 겸익은 불교를 공부하기 위해 중국을 통해 동남아시아 지역을 거쳐 인도로 건너가기도 했어요.

인도는 굽타 왕조 때 많은 변화가 있었어요. 무엇보다 힌두교라는 종교가 생겨났죠. 다음 그림 중 힌두교와 관련이 없는 상황을 세 개 찾아보세요.

이슬람교는 무함마드라는 사람에 의해 바로 세워졌어요. 신 앞에서 누구나 평등하다는 이슬람교의 가르침은 많은 아랍 인의 마음을 사로잡았지요. 이렇게 세력을 넓힌 이슬람교는 세상의 많은 지식을 받아들이기 위해 노력했어요. 이슬람교를 통해 발달한 문화는 널리 퍼져 유럽의 역사를 바꾸는 데도 큰 역할을 했지요. 지금부터 이슬람교가 어떻게 생겨났고 발전했는지 살펴볼까요?

사막에서 세계로 뻗어 나간 이슬람

이슬람교를 탄생시킨 무함마드

사막 곳곳을 누빈 아랍 사람들

뜨거운 태양과 끝없이 펼쳐진 모래 언덕……. 아라비아 반도의 사막은 도저히 사람이 살 수 없을 것 같았어요. 하지만 이 사막에도 오아시스를 중심으로 아라비아 인 또는 아랍 인이라고 불리는 사람들이 살고 있었어요. 그들은 장사를 하며 지냈지요. 사막에서 농사를 짓는 것이 거의 불가능했기 때문이에요. 아랍 인들은 낙타를 타고 넓게 펼쳐진 사막을 오가며 갖가지 물건을 사고팔았지요.

상인들이 몰려든 무역 도시 메카

아라비아 반도 북쪽에 있는 비잔티움 제국과 사산 왕조 페르시아 사이에 전쟁이 일어났어요. 상인들은 전쟁을 피해 장사를 할 수 있는 새로운 길을 찾아야 했어요. 그들은 바다를 건너 아라비아 반도를 지나는 바닷길을 찾아냈어요. 아라비아 반도에 새로운 길이 생기자 많은 상인들이 모여들면서 '메카'라는 도시가 무역의 중심지가 되었어요. 메카가 커지자 여러 문제가 나타나기 시작했어요. 부자는 점점 더 많은 돈을 벌고, 가난한 사람은 날이 갈수록 살기 힘들어졌지요.

무함마드가 신에게 대답을 들었어요

메카의 상인 무함마드는 가난한 사람이 점점 늘자 이 문제를 어떻게 해결해야 할지 고민했어요. 무함마드는 틈만 나면 동굴 안에 들어가 명상을 했지요. 그러던 어느 날 신에게 대답을 들었어요. 무함마드는 사람들에게 신의 말씀을 전하기 시작했어요. "신은 하나입니다. 신 앞에서는 모두 평등합니다. 사람이 죽으면 착한 일을 한 사람은 천국에 가고, 나쁜 일을 한 사람은 지옥에 갈 것입니다." 무함마드는 하나뿐인 신 알라의 뜻을 따르라는 이슬람교를 바로 세웠어요.

★**알라** 이슬람교는 크리스트교와 마찬가지로 유일신 하느님을 믿어요. 하느님은 아랍 어로 '알라'라고 해요.

무함마드의 가르침은 사람들에게 충격을 주었어요. 신은 여럿이라고 생각했던 메카 사람들은 무함마드의 말을 이해할 수 없었지요. 무함마드의 말에 귀를 기울이는 사람은 겨우 70명 정도였어요. 메카의 지도자들은 모든 사람이 평등하다고 가르치는 무함마드를 눈엣가시로 여기고 공격하기 시작했어요. 목숨에 위협을 느낀 무함마드는 자신을 따르는 사람들을 이끌고 메카를 탈출하여 메디나라는 도시로 갔어요. 이 사건을 '헤지라'라고 해요.

저는 신의 말씀을 전하러 온 천사예요.

신이 하나라고? 그럼 우리가 믿던 신들은 뭐지?

아라비아 반도를 뒤덮은 이슬람 깃발

메디나는 부족 사이에 일어난 다툼 때문에 정신이 없었어요. 메디나 사람들의 부탁을 받은 무함마드는 슬기롭게 문제를 해결해 주었지요. 무함마드가 사람들에게 인정을 받자 이슬람교를 믿는 사람이 늘어나기 시작했어요. 이슬람교는 어느새 메카를 위협할 만큼 성장했어요. 무함마드는 이슬람교를 믿는 사람들을 이끌고 메카와 전쟁을 벌였어요. 몇 번의 전쟁 끝에 메카의 항복을 받은 이슬람교는 협상을 통해 메카를 차지했어요.

사막에서 세계로 뻗어 나간 이슬람

무함마드는 메카를 새로운 성지로 삼았어요. 이슬람교는 더욱 커졌지요. 오랫동안 크고 작은 다툼으로 혼란스러웠던 아라비아 반도는 이슬람의 깃발 아래 하나가 되었어요. 전쟁을 통해 세력을 넓히긴 했지만, 이슬람교는 폭력적인 종교가 아니었어요. 폭력보다는 평화를 외치며 가난한 사람을 도와주었지요. 그래서 굶주림과 전쟁에 지친 사람들이 무함마드의 가르침을 쉽게 받아들일 수 있었어요. 이렇게 이슬람을 받아들인 사람을 '이슬람교도' 또는 '무슬림'이라고 불러요.

이슬람의 다섯 기둥

무함마드는 이슬람교도라면 자신의 믿음을 행동으로 보여야 한다고 말했어요. 그중 이슬람교도가 지켜야 하는 다섯 가지 의무를 '이슬람의 다섯 기둥'이라고 해요. 그 의무에 대해 알아볼까요?

1 신앙고백 — 신은 하나예요!

2 예배 — 예배는 하루 다섯 번!

3 베풂 — 가난한 사람에게 베풀어요!

4 단식 — 라마단 기간엔 금식을!

5 순례 — 꼭 한 번은 메카로!

사막에서 세계로 뻗어 나간 이슬람

❶ **신앙 고백**(샤하다)
'알라 외에 다른 신은 없고, 무함마드는 알라의 사도일 뿐'이라고 고백해요.

❷ **예배**(살라트)
하루에 다섯 번 알라에게 예배 드려야 해요. 여행 중이더라도 정해진 시간이 되면 장소를 가리지 않고 예배를 드려야 해요.

❸ **베풂**(자카트)
자신이 번 돈 중 일부를 가난한 사람들에게 베풀어야 해요.

❹ **단식**(사움)
매년 라마단 기간이 되면 해가 떠서 질 때까지 아무것도 먹으면 안 돼요. 그 시간을 통해 어려웠던 시절을 떠올리고 주변의 힘든 이웃들을 돌아본답니다.

❺ **순례**(하즈)
일생에 한 번은 이슬람에서 가장 신성하게 여기는 도시인 메카를 방문해야 해요.

★**라마단 기간** 아랍 어로 '더운 달'이라는 뜻으로 이슬람력에서 아홉 번째 달을 말해요. 매해 이슬람력에 따라 달라진다고 해요.

이슬람교도는 믿음을 행동으로 보여야 해.

세계를 향해 나아가는 이슬람 제국

대대로 칼리프가 된 우마이야 왕조

이슬람교를 이끈 무함마드가 죽자, 그의 뒤를 이어 '칼리프'라는 무함마드의 후계자들이 이슬람교를 이끌었어요. 이슬람교는 세력을 더욱 넓혀 이집트에서 페르시아까지 차지했어요. 하지만 네 번째 칼리프가 죽임을 당하자 칼리프 자리를 두고 다툼이 벌어졌어요.

사막에서 세계로 뻗어 나간 이슬람

칼리프 자리는 무함마드의 자손이 맡아야 한다는 의견과 무함마드의 자손이 아니더라도 실력 있는 사람이 맡아야 한다는 의견이 부딪쳤어요. 결국 칼리프 자리를 차지한 건 무함마드의 자손이 아닌 우마이야 가문이었어요. 우마이야 가문은 자손대대로 칼리프 자리를 물려주며 우마이야 왕조를 열었어요. 우마이야 왕조는 세력을 넓혀 동쪽으로는 인더스 강, 서쪽으로는 이베리아 반도(스페인)까지 차지했어요.

아바스 왕조는 우마이야와 달라!

땅이 많아지고 재물이 쌓인 우마이야 왕조는 시간이 지날수록 사치에 빠져들었어요. 그래서 사람들에게 세금을 많이 걷었지요. 그런데 아랍 인만 빼고 세금을 올리자 다른 지역 출신 사람들은 화가 났어요. 사람들은 반항하기 시작했고, 그 중심에는 무함마드의 자손인 아바스 가문이 있었어요.

나랏돈을 펑펑 쓰는 지도자는 필요 없어!

아바스 가문은 우마이야 왕조를 멸망시키고 아바스 왕조를 세웠어요. 아바스 왕조는 우마이야 왕조의 잘못을 거울삼아 세금을 줄이고 아랍 인이 아니더라도 평등하게 대했어요. 하지만 우마이야 왕조가 이대로 사라진 것은 아니에요. 살아남은 우마이야 왕족이 이베리아 반도로 건너가 후우마이야 왕조를 세웠답니다.

다양한 사람들이 북적북적! 국제도시 바그다드

아바스 왕조의 수도인 바그다드는 당나라의 수도 장안과 비교할 만큼 큰 국제도시였어요. 아바스 왕조의 칼리프는 다른 나라와 장사를 해서 돈을 벌고 싶었어요. 그래서 많은 상인을 불러 모으기 위해 바그다드를 평화의 도시로 만들기로 했어요. 우선 모든 사람을 평등하게 대한다는 정신을 표현하기 위해 도시를 원 모양으로 만들었어요. 그 안에는 상인들을 위한 많은 시설이 골고루 있었어요.

사막에서 세계로 뻗어 나간 이슬람

한낮에 장사를 하다가 땀이 나도 걱정할 필요가 없었어요. 몸을 씻고 쉴 수 있는 공중목욕탕이 3만 개나 있었으니까요. 사람들은 목욕탕에 모여 다양한 사람들과 정보를 나누었어요. 또, 바그다드는 도로가 발달되어 이동도 자유로웠지요. 칼리프는 바그다드의 한가운데에 있었기 때문에 나라 안에서 일어나는 모든 일을 빠른 시간에 알 수 있었답니다. 사람들은 칼리프가 모든 것을 볼 수 있는 마법의 거울을 가지고 있다고 믿을 정도였어요.

바그다드

우아! 공중목욕탕이 3만 개나 있다고?

95

당나라와 겨룬 탈라스 전투

아바스 왕조 앞에 강력한 경쟁자가 나타났어요.
바로 동아시아를 주름잡던 당나라예요. 당나라와 아바스 왕조는 비단길을
사이에 두고 탈라스라는 도시에서 전투를 벌였어요.
4만 명의 당나라 군을 이끈 건 고구려 유민의 후손인 고선지 장군이었어요.
두 나라의 전투는 치열했어요. 그런데 갑자기 당나라 군의 뒤에서 커다란
소리가 들렸어요. 당나라가 같은 편이라고 믿었던 유목 민족이 아바스
왕조의 편으로 돌아선 거예요. 당나라 군은 당황해 이리저리 도망쳤고
결국 전쟁에 지고 말았어요.

★비단길 중국과 서쪽 지역을 연결하는 길이에요. 중국의 대표적인 상품인 비단이 서쪽으로 많이 갔기
때문에 이 길을 비단길이라고 부른답니다.

새로운 병사 맘루크가 나타났어요

이슬람교도의 힘을 얻어 크게 성장하던 아바스 왕조가 시간이 지날수록 힘이 약해지기 시작했어요. 여기저기에서 반란이 일어나면서 하루도 조용할 날이 없었지요. 아바스 왕조의 통치 아래서 편안한 생활을 하던 이슬람교도는 스스로를 지킬 힘조차 없었지요. 그래서 반란 속에서 자신을 지켜 줄 병사를 돈을 주고 데려왔어요. 그 병사를 '맘루크'라고 불러요.

튀르크 족이 이슬람을 이끌었어요

말을 잘 다루던 튀르크 족은 맘루크로 인기가 좋았어요. 덕분에 튀르크 족은 세력이 점차 커졌어요. 그 뒤, 튀르크 족의 족장인 '셀주크'의 지도 아래 페르시아 지역에 '셀주크 튀르크'라는 나라가 세워졌지요. 그리고 셀주크의 손자 투그릴 베크는 칼리프에게 정치적 지도자를 의미하는 '술탄'이라는 칭호를 받았어요. 유목 민족에 불과했던 튀르크 족이 이슬람 세계의 주인공이 된 순간이었지요.

한반도에 온 이슬람 상인들

한국을 뜻하는 영어인 '코리아'는 고려를 방문한 이슬람 상인들에 의해 생긴 단어예요. 이슬람 상인들은 고려 시대 이전부터 한반도와 인연을 맺었어요. 바다를 통해 많은 나라를 돌며 장사하던 이슬람 상인들은 신라까지 방문했고, 여러 기록을 남겼어요. 한반도가 처음으로 등장한 세계지도도 이슬람 학자가 그린 지도예요.

신라의 승려 혜초는 불교를 공부하러 인도에 가는 길에 아랍 지역 (현 페르시아)까지 여행하고 돌아와 〈왕오천축국전〉이라는 책을 썼답니다.

아랍과 한반도의 인연은 고려, 조선에 이르러서도 계속되었어요. 고려 때는 아랍 인들을 통해 많은 문물이 전해졌어요. 우리가 자주 먹는 만두도 그중 하나지요. 조선은 아랍 인에게 땅과 돈을 주면서 특별히 대해 주었어요. 아랍 지역의 발달한 천문학에 관심이 많았기 때문이에요. 아랍 인들은 천문학을 담당하는 관청에 근무하면서 여러 관측기구를 만드는 데 참여했어요. 세종 때 쓰인 〈칠정산〉이라는 책은 달력을 만드는 방법이 나와 있는 아랍 책을 참고했어요.

이드리시의 세계지도

이슬람의 지리학자이자 여행가인 이드리시가 만든 세계지도 속에 최초로 '신라'가 등장한다고 해요.

동쪽과 서쪽을 연결한 이슬람 문화

이슬람 세계에서 가장 신성한 책 〈쿠란〉

무함마드가 죽은 뒤, 이슬람교도는 무함마드가 전해 준 신의 이야기를 책으로 정리했어요. 〈쿠란〉이라 불리는 이 책은 이슬람교에서 가장 신성하게 여겨지지요. 〈쿠란〉은 종교에 관련된 내용뿐 아니라, 생활하며 꼭 지켜야 할 규칙까지 알려 준답니다. 예를 들어 〈쿠란〉에는 돼지가 깨끗하지 못한 동물이니 먹지 말라고 써 있어요. 술 역시 마시면 안 되지요. 술에 취해 거리를 돌아다니면 큰 벌을 받아요.

사막에서 세계로 뻗어 나간 이슬람

〈쿠란〉은 아랍 인의 언어인 아랍 어로만 쓰였어요. 신성한 신의 말씀이 잘못 해석될까 봐 다른 언어로 옮기지 못하도록 했기 때문이에요.
이슬람교도는 〈쿠란〉을 읽고 쓰기 위해 아랍 어를 공부해야만 했어요.
그 결과 아랍 어는 이슬람 지역을 하나로 이어 주는 공통 언어가 되었답니다.

이슬람 학자들은 끊임없이 연구했어요

이슬람 학자들은 알라가 이 세상 모든 것을 주었다고 생각했어요. 그래서 새로 차지한 지역의 문화 또한 알라가 준 것이라 여겨 그 지역의 우수한 문화를 받아들이려고 노력했지요.

특히 이슬람 학자들은 그리스의 과학과 철학에 관심이 많았어요. 그래서 그리스 학문과 관련된 많은 책을 아랍 어로 옮겨 연구했답니다.

사막에서 세계로 뻗어 나간 이슬람

또 이슬람 학자들은 금속을 금으로
바꾸기 위해 노력했어요. 칼리프는 금을
만드는 방법만 알아내면 장사에 큰 도움이 될 거라 생각해 그들을
적극적으로 도와주었지요. 하지만 실험은 성공하지 못했어요. 그렇지만
그들의 노력 덕분에 다양한 물질과 새로운 실험 기구가 발명되었어요. 특히
물을 액체 상태에서 기체 상태로 바꾸는 증류기가 널리 보급되어 소주와
위스키 같은 술을 만드는 데 쓰였지요.

숫자와 과학이 발달했어요

우리가 사용하는 1, 2, 3 등의 숫자를 '아라비아 숫자'라고 하지요? 이 숫자는 인도에서 처음 만든 거예요. 그런데 아랍 인(아라비아 인)들로 이루어진 이슬람 학자들이 인도 숫자의 우수성을 알아보고 체계적으로 정리해서 널리 퍼뜨렸지요. 그래서 지금까지 아라비아 숫자로 불리고 있어요. 아라비아 숫자는 수를 세거나 돈을 계산할 때 등 우리 생활에 없어서는 안 될 만큼 무척 중요한 역할을 하고 있어요.

사막에서 세계로 뻗어 나간 이슬람

이슬람이 발전시킨 것은 숫자만이 아니었어요. 별의 위치와 행성 운동을 정확하게 관찰해서 지도를 만들기도 했지요. 사막에서 길을 잃지 않고 목적지를 찾거나 세계를 여행하려면 천문학과 지리학이 필요했기 때문이에요. 이렇게 발달한 이슬람의 과학은 유럽으로 전해져 새로운 학문의 기초가 되었어요. 알코올, 슈거, 시럽과 같은 단어도 이슬람 세계에서 온 단어라고 하니, 이슬람의 과학 기술이 얼마나 발달했는지 짐작할 수 있겠지요.

별의 위치를 알면 길을 잃지 않는다고!

천 일 동안의 이야기 〈천일야화〉

페르시아에 젊은 왕이 살았어요. 그는 무슨 이유인지 여자를 믿지 않았어요. 그래서 새로 아내를 맞이하면 다음 날 목숨을 빼앗았지요. 그 소문이 퍼지자 아무도 왕과 결혼하려 하지 않았어요. 그때 한 신하의 딸이 왕과 결혼을 하겠다고 했어요. 그녀의 이름은 셰에라자드예요. 그녀는 밤마다 왕에게 재미있는 이야기를 들려주었어요. '알리바바와 40인의 도둑', '알라딘의 요술램프'와 같은 이야기는 무척 재미있었지요. 왕은 이야기를 계속 듣고 싶어서 차마 셰에라자드를 죽이지 못했어요.

아주 먼 옛날, 한 마을에 알리바바가 살았어요!

사막에서 세계로 뻗어 나간 이슬람

그렇게 1000일이 지나고 1001일이 되어 모든 이야기가 끝났어요. 왕은 이야기를 듣는 동안 셰에라자드를 사랑하게 되었어요. 이렇게 셰에라자드가 1001일 동안 들려준 이야기를 〈천일야화〉 혹은 〈아라비안나이트〉라고 해요. 〈천일야화〉에는 이슬람 세계를 오가는 사람들을 통해 전해진 인도, 중국, 페르시아 등 여러 나라 이야기가 담겨 있어요.

세계 곳곳을 누빈 이슬람 상인들

〈천일야화〉에 나오는 신드바드는 모험을 좋아해서 아프리카, 동남아시아 등으로 배를 타고 여행을 다녔어요. 이슬람 상인들도 신드바드처럼 좋은 물건이 있는 곳이라면 어디든지 갔지요. 그들이 사는 이슬람 지역은 유럽과 아시아 중간에 있어서 이동이 쉽고 장사하기에도 좋았어요.

사막에서 세계로 뻗어 나간 이슬람

바이킹*도 이슬람 상인들이 가져오는 은화와 다양한 물건에 관심이 많았어요. 특히 죽을 때 함께 묻어달라고 할 정도로 은화를 소중하게 생각했지요.
이슬람 상인들은 동남아시아에도 장사를 하러 갔어요. 그래서 동남아시아 문화 속에 이슬람교가 퍼져 독특한 문화가 생겨났어요.
이슬람 상인들이 지나가는 곳에는 새로운 마을이 생길 정도였다고 하니 그들의 활약상이 짐작되지요?

★**바이킹** 8세기~11세기 사이에 스칸디나비아 반도에 살던 노르만 족을 이르는 말이에요.

다우선

이슬람 상인은 삼각돛을 단 다우선을 타고 바다를 누볐어요.

이슬람이 세상을 연결시켰어요

이슬람 상인들은 여러 나라를 다니면서 이슬람교를 퍼뜨렸어요. 이슬람 세계의 발전된 과학과 문화도 곳곳으로 퍼져 나갔지요. 탈라스 전투 때 잡힌 당나라 병사 중에는 종이를 만드는 기술자들이 있었어요. 그들이 이슬람교도에게 종이 만드는 기술을 가르쳐 주었지요. 이 기술은 훗날 유럽에 전해져 새로운 지식을 널리 알리는 데 큰 역할을 했어요.

사막에서 세계로 뻗어 나간 이슬람

중국에서 발명된 나침반, 화약 등도 이슬람을 통해 유럽으로 건너갔어요.
유럽 사람들은 나침반 덕분에 바다에서 길을 잃지 않고 여행할 수 있었지요.
화약을 이용해 만든 무기는 전쟁에 쓰였고요. 한편 이슬람교도는 천문학과
지리학을 중국에 전했어요. 천문학은 정확한 달력을 만드는 데 쓰였고,
지리학은 중국 이외의 다양한 나라가 있음을 알려 주었어요.

이븐 바투타의 세계 여행

이븐 바투타는 고향을 떠나 일 년 반 만에 이슬람교의 성지인 메카에 도착했어요. 하지만 거기에 만족하지 않고 좀 더 많은 나라를 여행하기로 결심했지요. 이븐 바투타는 30년 동안 여행을 했어요. 아프리카와 비잔티움 제국을 여행한 그는 인도의 일부를 다스리던 술탄의 요청으로 중국에 다녀오기도 했어요. 그는 여행 중간중간 목숨을 걸어야 할 정도로 위험한 순간을 맞닥뜨리기도 했어요. 배가 가라앉기도 하고 심각한 병에 걸려 죽을 뻔하기도 했지요.

사막에서 세계로 뻗어 나간 이슬람

하지만 세계 곳곳에 사는 이슬람교도들이 도와주어 목숨을 건질 수 있었어요. 이 모험을 통해 이븐 바투타는 많은 경험을 했어요. 세계 7대 불가사의라 불리던 '알렉산드리아의 등대'가 지진으로 무너지기 전 마지막 모습을 본 사람 중 하나가 되기도 했어요. 그런가 하면 아프리카에서 하마와 식인종을 만나기도 했어요. 여행을 마친 이븐 바투타는 이렇게 말했어요. "나는 알라 덕분에 세계 곳곳을 여행했다. 이제 남은 여행지는 죽은 후의 낙원뿐이다."

모스크에는 신 그림이 없어요

이슬람교도는 새로운 땅을 차지할 때마다 신에게 예배하기 위한 '모스크'를 지었어요. 사람들은 그곳에서 예배하며 다양한 사람을 사귀었어요. 그런데 모스크는 다른 종교의 건물과 모습이 달랐어요.

예를 들어 성당에는 예수 조각상이나 십자가상이 있는데, 모스크에는 아무것도 없었어요. 벽과 문에 그려진 여러 도형과 〈쿠란〉의 글이 전부였어요. 이는 모두 우상숭배를 엄격히 금지한 무함마드의 가르침 때문이에요.

쿠란으로 장식된 모스크의 벽

이슬람교도는 모스크에서 예배를 드리지.

술탄아흐메드 모스크(블루 모스크)

사막에서 세계로 뻗어 나간 이슬람

이슬람 세력이 비잔티움 제국의 수도인 콘스탄티노폴리스를 빼앗고 성 소피아 성당을 손에 넣었을 때였어요. 이슬람교도는 아름다운 성 소피아 성당을 보고 반해 그곳을 모스크로 사용하기로 했어요. 이슬람교도는 자신들과 문화가 달라도 훌륭한 것이라면 적극적으로 받아들였어요. 그들은 성당 곳곳에 있는 예수 그림에 덧칠을 해서 보이지 않도록 했어요. 그리고 성당 곳곳을 〈쿠란〉의 글로 장식해 새로운 모스크로 만들었답니다.

★**우상숭배** 신 이외의 사람이나 물체를 믿고 따르는 일이에요.

성 소피아 성당의 손상된 모자이크

박지원의 청나라 기행문 <열하일기>

과거에는 교통이 불편해서 여행이 쉽지 않았어요. 하지만 위험을 무릅쓰고 새로운 세상을 향해 떠나는 사람은 언제나 있지요. 박지원이 그중 한 사람이에요. **박지원은 조선 시대 때의 학자**예요. 그는 똑똑하고 글솜씨도 뛰어나 나라의 큰 일꾼이 될 거라는 기대를 한 몸에 받았지요.

하지만 그는 벼슬길에 나가지 않았어요. 왜냐하면 신하들끼리 다투느라 혼란스럽던 나라에 실망했기 때문이에요. 그 대신 글쓰기와 책 읽기를 열심히 했어요. 그러던 어느 날, 친척 중 하나가 중국 청나라 사신으로 떠난다는 소식을 들었어요. 박지원은 청나라에 꼭 가 보고 싶었어요. 그래서 친척을 따라 청나라로 향했어요.

당시 조선 사람들은 청나라를 야만스럽다고 우습게 여겼어요. 하지만 **박지원이 직접 본 청나라는 달랐어요.**

집을 짓기 위해 벽돌을 사용하고, 수레를 이용하여 간편하게 물건을 옮기는 등 **실생활에 도움이 될 만한 여러 가지 기술이 발달**해 있었지요. 또한 **서양에서 들어온 여러 문물로 가득**했어요.

여행에서 돌아온 박지원은 **여행 중에 보고, 듣고, 느꼈던 것들을 글로** 썼어요. 청나라 황제의 별장이 있던 '열하'라는 곳까지 다녀왔다는 뜻으로 제목은 **〈열하일기〉**라고 지었어요. 이 책은 조선에 커다란 바람을 불러일으켰어요. 평생 조선 밖으로 가 본 적 없는 사람들은 이 책에 관심이 많았어요. 하지만 청나라를 무시하던 대부분의 양반들은 〈열하일기〉를 형편없는 책이라고 생각했어요. 〈열하일기〉가 널리 읽힌 것은 그로부터 100년 뒤였어요.

117

세계사 놀이터

이븐 바투타는 세계 이곳저곳을 여행했어요. 여행은 위험했지만 그만큼 많은 것을 배울 수 있었지요. 그림 중에서 이븐 바투타가 경험하지 않은 그림이 한 개 있어요. 눈을 크게 뜨고 찾아보세요.

"내가 중국까지 오게 되다니!"

"배가 없으니 이제 여행을 어떻게 하나……."

"아파도 도와줄 사람 한 명 없어서 외롭다~."

중세 유럽은 크리스트교를 매우 중요하게 여겼어요. 서로마 지역을 지배한 프랑크 왕국의 왕이 종교를 크리스트교로 바꾸기까지 했으니까요. 또 비잔티움 제국은 이슬람 세력에게 빼앗긴 크리스트교의 성지를 되찾기 위해 로마 교황에게 도움을 요청해 십자군 전쟁의 원인을 제공했어요. 이렇듯 크리스트교와 중세 유럽의 역사는 서로 뗄 수 없답니다. 지금부터 중세 유럽이 크리스트교와 더불어 어떻게 변화했는지 알아볼까요?

크리스트교와 중세 유럽

서유럽에 새 바람이 불었어요

서로마에 프랑크 왕국이 세워졌어요

서로마 제국이 무너진 뒤, 게르만 족이 세운 여러 나라가 등장했어요. 하지만 이 나라들은 오래가지 못했지요. 원래 살고 있던 로마 인들이 게르만 족을 쉽게 인정하지 않았고, 게르만 족의 땅을 노리는 적들이 계속 공격했기 때문이에요.

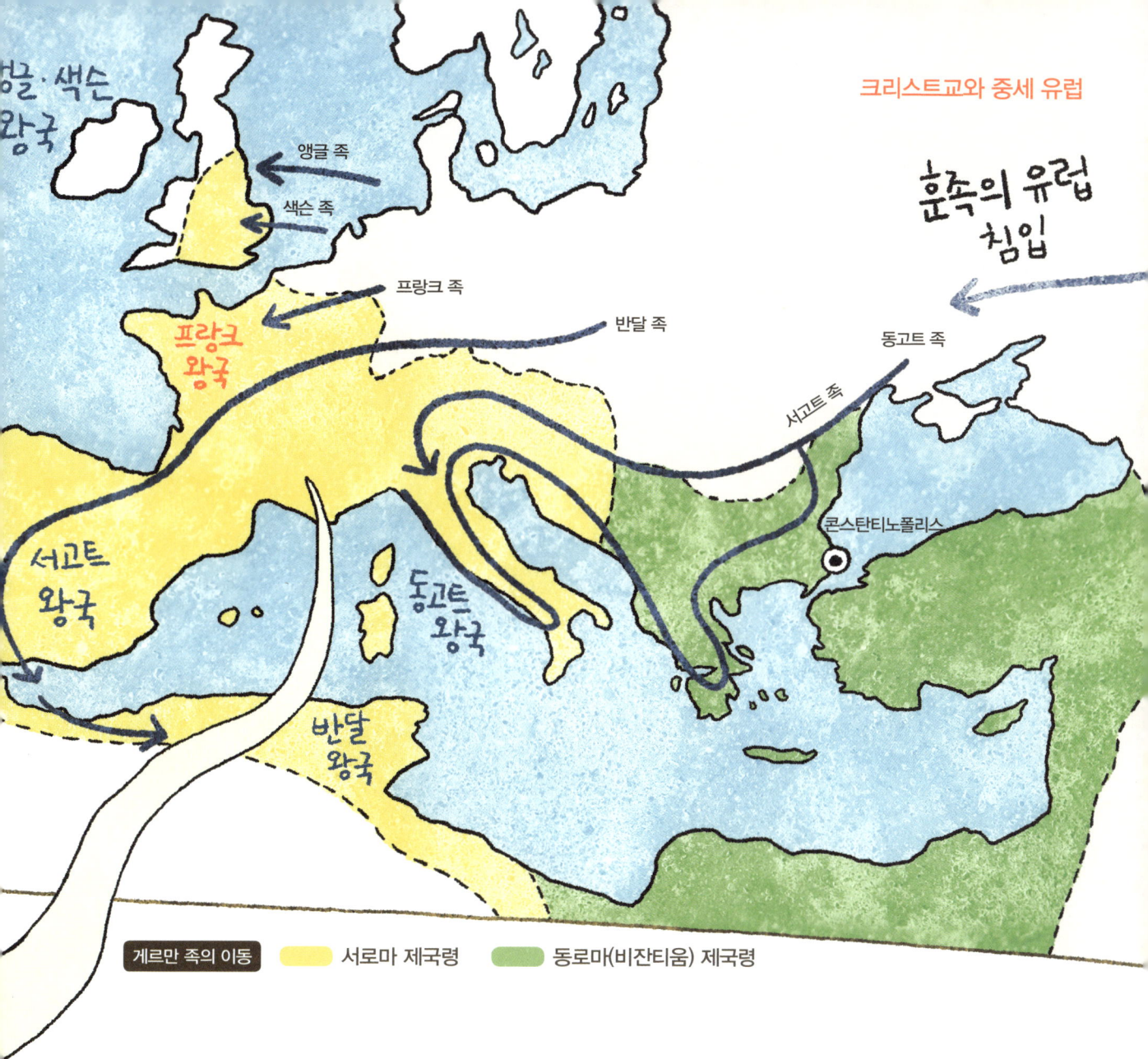

그럼에도 불구하고 끝까지 살아남은 게르만 족 나라가 있었어요.
바로 클로비스가 세운 '프랑크 왕국'이에요. 클로비스 왕은 프랑크 왕국이
옛 서로마 지역에서 힘을 키우려면 로마 인의 마음을 얻어야 한다고
생각했어요. 그래서 로마 인이 믿는 크리스트교로 종교를 바꿨지요.
이러한 노력들 덕분에 클로비스 왕은 주변의 적을 물리치고 옛 서로마 지역에
프랑크 왕국을 정착시킬 수 있었답니다.

카롤루스 왕이 서로마 황제로 인정받았어요

크리스트교와 프랑크 왕국 사이는 날이 갈수록 좋아졌어요. 둘 사이는 카롤루스 왕 때 가장 좋았어요. 카롤루스 왕은 전쟁에 무척 강했어요. 수많은 전쟁을 승리로 이끌면서 서유럽 지역 대부분을 차지해 '유럽의 아버지'라고 불렸지요. 그는 차지한 지역에 성직자를 두어 크리스트교를 전하기도 했어요. 교황은 카롤루스 왕이 크리스트교를 위해 많은 일을 하자, 서로마 황제로 인정한다는 뜻으로 관을 씌워 주었어요.

카롤루스 왕을 서로마 황제로 인정합니다.

크리스트교와 중세 유럽

카롤루스 왕이 전쟁에만 관심이 있던 것은 아니었어요. 그는 로마의 멸망과 함께 사라져 가는 학문을 다시 살리기 위해 노력했어요. 그래서 왕국 곳곳에 학교를 지어 고전과 라틴 어를 가르쳤지요. 그가 학문에 관심을 가진 것은 나라를 다스릴 때 지식 있는 사람이 필요했기 때문이에요. 이러한 카롤루스 왕의 노력 덕분에 그리스와 로마의 고전이 지금까지 전해질 수 있었답니다.

프랑크 왕국이 혼란에 빠졌어요

카롤루스 왕이 이룬 평화는 오래 가지 못했어요. 카롤루스 왕이 죽은 지 얼마 되지 않아 프랑크 왕국은 셋으로 나뉘었어요. 크고 작은 다툼이 끊이지 않았지요. 여기에 다른 민족까지 쳐들어오자 사람들은 공포에 떨었어요. 특히 유럽에 많은 피해를 준 것은 바이킹이라 불리는 노르만 족이에요. 바이킹이 휩쓴 곳은 시체로 가득했어요. 특히 바이킹은 교회와 수도원에 있는 재물까지 빼앗았기 때문에 유럽 사람들 눈에는 악마로 보였어요.

크리스트교와 중세 유럽

계속되는 전쟁과 다른 민족의 침입 속에서 사람들은 자신을 지키기 위해 노력했어요. 힘 있는 제후는 성을 만들어 적을 막았어요. 또 말을 타고 단단한 갑옷을 입은 기사를 모아 적과 맞서 싸우게 했지요. 하지만 힘없는 농민들은 재산은커녕 목숨도 지키기 힘들었어요. 그들이 할 수 있는 일은 제후를 믿는 것뿐이었어요. 농민들은 제후의 보호를 받는 대신 제후의 지배를 받았어요. 이와 같은 농민을 '농노'라고 해요.

★제후 일정한 땅을 가지고 그 땅 안의 백성을 지배할 힘을 가진 사람이에요.

혼란 속에서 봉건 제도가 자리 잡았어요

제후 역시 자기 땅을 제대로 지키려면 자기보다 큰 힘을 가진 사람의 도움이 필요했어요. 그래서 왕과 계약을 맺었지요. 제후는 왕의 보호를 받으며 땅을 마음대로 다스릴 수 있도록 허락을 받는 대신 왕에게 충성을 맹세했어요. 제후들은 왕의 편에 서서 전쟁에 나가 싸우거나, 돈을 바치기도 했어요. 왕이 자신의 성을 방문하면 정성을 다해 대접했지요.
한편 제후는 자신들의 땅을 떼어 기사들에게 나눠 주고 그들에게 충성을 맹세하라고 했어요.
이렇게 왕과 제후, 기사들이 서로 계약을 통해 충성과 보호를 약속했던 제도를 '봉건 제도'라고 해요.

힘없는 우리는 농노가 될 수밖에 없어.

크리스트교와 중세 유럽

농노들이 힘든 생활을 했어요

땅을 가지고 있던 제후나 기사를 '영주'라고 해요. 농노에게 영주는 왕과 같은 존재였지요. 심지어 왕도 영주가 다스리는 땅에서 일어나는 일에 간섭할 수 없었어요. 농노는 영주가 사는 성을 중심으로 만들어진 '장원'이라는 마을에서 살았어요. 그들은 옛날 노예와 달리 집과 텃밭, 가축, 농기구 등 약간의 재산을 가질 수 있고, 결혼해서 가정도 꾸릴 수 있었어요. 하지만 농노는 영주의 보호를 받았기 때문에 장원을 벗어나지 못했어요. 영주의 땅에서 농사를 짓고 세금도 내야 했지요.

먹고 또 먹어도 음식이 남아도는구나!

영주의 생활

크리스트교와 중세 유럽

농노의 처지는 '뿔 없는 소'에 비유될 정도로 힘들었어요. 시간이 지날수록 영주는 점점 부자가 되었지만, 농노는 하루 세 끼 식사를 걱정해야 했어요. 이런 힘든 생활 속에서 영주와 농노의 삶을 하나로 연결해 주는 종교가 있었어요. 바로 크리스트교예요.

농노의 생활

오늘도 굶어야 해요?

한 청년이 기사가 되었어요

오늘은 장원에 사는 한 청년이 기사가 되는 날이에요. 그는 영주 앞에 무릎을 꿇었어요. 영주의 곁에 있던 신부가 청년을 축복해 주었지요.
신부의 축복이 끝나자 영주는 청년의 어깨를 칼등으로 치며 말했어요.
"이제 그대는 기사가 되었노라. 명예로운 기사가 되기 위해 노력하라."
청년은 영주로부터 한 움큼의 흙을 받았어요. 이 흙은 영주가 내려주는 땅을 의미하지요.

크리스트교와 중세 유럽

하지만 기사로 사는 것이 항상 명예롭고 좋기만 한 것은 아니었어요. 자신을 기사로 임명한 영주가 크고 작은 다툼에 휘말릴 때마다 목숨을 걸고 싸워야 했기 때문이에요. 한편 몇몇 기사들은 혼란을 틈타 가난하고 힘없는 농노들을 괴롭히기도 했어요.

전쟁터를 주름잡은 고구려의 기마 무사

"기사단 돌격!"
기사단장의 외침에 기사들이 적을 향해 달려 나갔어요. 철갑을 두른 기사와 말이 함께 내달리자 지진이 난 듯 땅이 마구 흔들렸지요. 적들은 엄청난 속도로 다가오는 기사들을 보며 공포에 벌벌 떨었어요. 그들은 있는 힘을 다해 기사들을 말에서 떨어뜨리기 위해 많은 화살을 쏘았지만, 단단한 갑옷을 뚫지는 못했어요. 영국에서 문이 뚫릴 정도로 강력한 화살인 장궁과 화약 무기가 등장하기 전까지 전쟁터를 주름잡았던 기사들을 누구도 당해낼 방법이 없었어요.

기사의 단단한 갑옷을 뚫을 수 있는 건 없다!

우리나라도 서양의 기사처럼 적들을 공포로 몰아넣은 존재가 있었어요. 바로 **고구려의 '기마 무사'예요.** 고구려의 기마 무사는 조그마한 철갑을 이어 붙인 갑옷을 입었어요. 덕분에 몸을 이리저리 움직여도 불편함이 덜했지요. 갑옷을 입은 것은 무사만이 아니었어요. 말도 온몸을 덮을 만큼 큰 갑옷을 입어 웬만한 화살로는 끄떡도 없었지요. **광개토대왕은 이 기마 무사들과 함께 고구려를 힘센 나라로 만들었답니다.**

로마 제국의 영광을 꿈꾼 비잔티움 제국

비잔티움 제국이 살아남았어요

다른 민족의 침입으로 서로마 제국은 무너졌지만, 로마 제국이 완전히 사라진 것은 아니었어요. 동로마 제국이 살아남아 로마 제국을 이어 나갔지요. 이때 살아남은 동로마 제국이 바로 '비잔티움 제국'이에요. 서로마와는 달리 상업과 농업이 발달했던 비잔티움 제국은 돈이 많았어요. 그 돈은 군대를 만들거나 다른 민족들을 달래는 데 사용했지요.

로마 제국의 영광을 되찾은 유스티니아누스

비잔티움 제국을 다스리던 유스티니아누스 황제는 빼앗긴 영토를 되찾아 다시 한 번 로마 제국의 영광을 누리고 싶었어요. 그는 오랜 시간을 들여 로마 제국의 상징이었던 법을 새롭게 만들었어요. 새로운 법에는 황제에게 유리한 내용을 많이 넣었지요. 법이 완성되자 황제는 자기 뜻대로 나라를 다스리기 편해졌어요. 한편 그는 로마 제국이 빼앗긴 땅을 되찾기 위해 전쟁을 벌였어요. 이렇게 유스티니아누스 황제의 통치 아래에서 로마 제국의 영광이 다시 찾아오는 듯했지요.

성 소피아 성당이 세워졌어요

유스티니아누스 황제는 수도인 콘스탄티노폴리스를 아름답게 꾸미는 일에 관심이 많았어요. 배가 다니는 길과 다리를 만들고, 반란으로 부서졌던 성 소피아 성당을 예전보다 화려하게 다시 지었지요. 성 소피아 성당은 비잔티움 제국의 큰 자랑거리였지요. 사람들은 성당에 들어서는 순간, 아름다운 성당의 모습에 할 말을 잃을 정도였어요.

성 소피아 성당

크리스트교와 중세 유럽

성 소피아 성당 안으로 들어가면 화려한 모자이크와 창문에 비친 눈부신 햇살 때문에 천국에 있는 듯한 신비감을 주었어요. 사람들은 화려한 성당 안에서 예배할 때마다 신의 위대함을 느낄 수 있었어요.
그들은 이런 놀라운 성당을 만들도록 한 유스티니아누스 황제를 존경했어요.

누구나 탐내는 콘스탄티노폴리스

비잔티움 제국의 수도인 콘스탄티노폴리스는 장사하는 사람이라면 한 번쯤 가 보고 싶은 도시였어요. 콘스탄티노폴리스에서는 중국의 비단, 페르시아의 향신료 등 온갖 물건들을 사고팔았어요. 다양한 곳에서 온 사람들도 만날 수 있었고요. 콘스탄티노폴리스의 상인들은 유럽을 주름잡아 돈을 많이 벌었어요. 그래서 비잔티움 제국은 상인들에게 세금을 많이 걷을 수 있었어요.

크리스트교와 중세 유럽

콘스탄티노폴리스는 누구나 탐내는 도시였어요. 비잔티움 제국의 황제는 콘스탄티노폴리스를 적들로부터 보호하기 위해 도시 주위에 삼중으로 두꺼운 성벽을 쌓았어요. 도시를 노리고 쳐들어온 적들은 커다란 성벽 앞에서 눈물을 머금고 후퇴할 수밖에 없었답니다.

콘스탄티노폴리스의 삼중 성벽

뭐든 다 있습니다.

이슬람 세력으로부터 나라를 지켰어요

유스티니아누스 황제가 죽자, 페르시아 등 다른 민족들이 비잔티움 제국을 또 다시 넘보기 시작했어요. 그들의 공격으로 비잔티움 제국은 많은 땅을 잃어버렸지요. 그런데 더욱 무서운 적인 이슬람 세력이 비잔티움 제국 앞에 나타났어요. 이슬람 세력은 엄청난 기세로 비잔티움 제국의 땅을 빼앗으며 수도인 콘스탄티노폴리스 앞까지 쳐들어왔어요. 비잔티움 제국 사람들은 이슬람 세력을 막기 위해 돈을 모았지요.

크리스트교와 중세 유럽

얼마 뒤, 이슬람 세력이 비잔티움 제국을 다시 공격해 왔어요. 그때 비잔티움 제국의 새로운 무기가 모습을 드러냈어요. 이슬람 병사들은 생전 처음 보는 파이프 모양의 무기에 눈이 휘둥그레졌어요. 곧 파이프에서 불이 뿜어져 나와 배를 불태우자 이슬람 병사들이 공포에 사로잡혔어요. 이 무기는 '그리스의 불'이라고 불렸지요. '그리스의 불' 때문에 큰 피해를 입은 이슬람 병사들은 결국 군대를 돌려 도망칠 수밖에 없었답니다.

교회가 동서로 갈라졌어요

서유럽과 비잔티움 제국은 사이가 좋지 않았어요. 특히 로마 교황은 자신을 신하처럼 여기는 비잔티움 제국의 황제가 못마땅했어요. 그러던 어느 날, 황제가 예수와 성모 마리아의 모습을 그리거나 조각하지 말라는 명령을 내렸어요. 교황은 황제의 명령을 받아들일 수 없었지요.

크리스트교와 중세 유럽

교황은 프랑크 왕국과 손을 잡고 비잔티움 제국에게 등을 돌리기로 마음먹었어요. 비잔티움 제국의 황제는 교황의 배신에 화가 났어요. 결국 둘의 관계는 점점 더 나빠졌어요. 그 뒤 크리스트교는 교황이 지배하는 '로마 가톨릭'과 비잔티움 제국의 황제가 지배하는 '그리스 정교'로 갈라지게 되었답니다.

비잔티움 제국의 후계자, 슬라브 족

비잔티움 제국은 황제 자리를 놓고 끊임없이 다투었어요.
게다가 11세기 이후 이슬람 세력의 거듭된 침입으로 많은 땅을 잃었어요.
또, 십자군 전쟁으로 수도인 콘스탄티노폴리스를 잃기도 했지요.
이렇게 점점 힘이 약해진 비잔티움 제국은 오스만 제국의 침입으로
멸망했어요. 하지만 비잔티움 제국의 모든 것이 사라진 건 아니었어요.

크리스트교와 중세 유럽

이때다. 쳐들어가자.

와!

비잔티움 제국의 문화는 동유럽의 슬라브 족이 이어받았어요. 비잔티움 제국의 황제는 슬라브 족을 자기편으로 만들기 위해 선교사를 보내 그리스 정교를 믿게 했지요. 비잔티움 제국이 전해준 건 종교만이 아니었어요. 키릴로스라는 선교사는 글자 없이 살던 슬라브 족을 위해 '키릴 문자'를 만들어 주었어요. 비잔티움 제국의 영향을 받은 슬라브 족은 스스로 비잔티움 제국의 후계자로 여기게 되었답니다.

유럽 사람들의 정신적 기둥, 크리스트교

교회 안에서 하나가 된 마을 사람들

장원에 사는 어느 소년은 일요일이라고 늦잠을 잘 수 없었어요. 왜냐하면 교회에 함부로 빠지면 하느님께 큰 벌을 받는다고 믿었기 때문이에요. 교회에 가면 마을 사람들과 만나 서로 이야기를 나누고 정보를 교환할 수 있었어요. 평생 장원 밖을 나가 본 적 없는 소년은 신부님이 전해 주는 다른 곳의 이야기가 무척 재미있었어요.

크리스트교와 중세 유럽

교회에서는 다양한 축제가 열렸어요. 특히 소년은 부활절 축제를 좋아했답니다. 축제 때는 평소에 구경하기 힘든 돼지고기를 마음껏 먹을 수 있었지요. 밤이 되면 마을 사람들이 모여 춤을 추기도 했고요. 신나게 먹고 마시는 것을 못마땅하게 여기던 신부님도 이날만큼은 아무 말도 하지 않았지요. 이렇게 교회와 함께 하는 축제를 통해 사람들이 하나가 되어 갔어요.

카노사에서 황제가 교황에게 무릎을 꿇었어요

서로마 제국의 멸망으로 서유럽이 혼란에 빠지자, 교회가 사람들의 마음을 위로해 주었어요. 황제는 교회를 이용해 힘을 키우고 싶었어요. 그래서 선교사 활동을 지원하고 교회에 많은 땅도 주었어요. 그 대신 성직자를 뽑는 권리를 가져갔지요. 어느새 성직자들은 황제에게 충성을 다하기 시작했어요. 성직자 자리를 돈으로 사고팔기도 했지요. 교황 그레고리우스 7세는 교회가 깨끗해지려면 교회가 직접 성직자를 뽑아야 한다고 생각했어요.

★**성직자** 종교적 직분을 맡은 자로 신부, 목사, 승려 등을 말해요.

크리스트교와 중세 유럽

하지만 황제 하인리히 4세는 그것을 원하지 않았어요. 교황은 그 일 때문에 황제를 파문시켜 버렸어요. 곤경에 처한 황제는 자신의 뜻을 접을 수밖에 없었지요. 1077년 겨울, 황제는 파문을 취소해 달라고 부탁하기 위해 교황을 찾아갔어요. 황제는 눈을 맞으며 삼 일 동안 밖에 서서 교황에게 애원을 했어요. 마침내 교황이 황제를 용서했어요. 황제가 교황에게 무릎 꿇은 이 사건을 교황이 지냈던 성의 이름을 따서 '카노사의 굴욕'이라고 해요.

★**파문** 크리스트교에서 내쫓는 일이에요.

카노사의 굴욕

하인리히 4세(가운데)가 클뤼니 수도원장 휴고(왼쪽)와 카노사 성의 주인 마틸다(오른쪽)에게 교황을 만나게 해 달라고 부탁하는 장면이에요.

곳곳에 높고 뾰족한 성당을 세웠어요

비잔티움 제국이 모자이크 벽화를 이용해 화려한 성당을 지었던 것처럼 서유럽 사람들도 아름다운 성당을 만드는 일에 관심이 많았어요. 특히 11세기를 지나 전쟁이 줄어들고 생활이 안정되자 경쟁이라도 하듯이 곳곳에 화려한 성당을 지었어요. 그때 만들어진 성당은 높고 뾰족한 모양이었어요.

이러한 건축 양식을 '고딕 양식'이라고 해요. 성당을 만드는 일은 무척 힘들었지만, 사람들은 그 일에 기꺼이 참여했답니다.

크리스트교와 중세 유럽

성당을 짓기 위해서는 당시 최고의 건축 기술이 필요했어요. 높은 탑과 천장을 지탱하기 위해 다양한 방법이 사용되었지요. 커다란 성당 크기도 사람들을 놀라게 했지만, 더욱 인상적인 것은 성당 안을 장식한 스테인드글라스(색유리)였어요. 중세 사람들은 스테인드글라스에 그려진 그림을 통해 성경의 내용을 알게 되었어요. 대부분이 글을 읽을 줄 몰랐거든요. 사람들은 창문을 통해 들어오는 찬란한 빛에 감동하여 눈물을 흘리기도 했답니다.

우리나라 최초의 성당

2000여 년의 시간 동안 유럽에는 수많은 성당이 지어졌어요. **프랑스 파리의 노트르담 성당, 이탈리아의 성 베드로 성당** 등 많이 있지요. 특히 노트르담 성당은 12세기에 만들어졌는데 완성되기까지 무려 200년이라는 긴 시간이 걸렸어요. 이 성당은 **고딕 양식의 특징인 뾰족한 첨탑**과 **아름다운 스테인드글라스로 장식**되어 있어 파리를 소개할 때 빼놓을 수 없는 건축물이 되었어요.

성 베드로 성당은 **크리스트교에서 가장 중요한 성당**이에요. 왜냐하면 **예수님의 제자 중 한 명인 베드로의 무덤 위에 지어진 성당**이기 때문이지요. 1506년 교황 율리오 2세는 가장 화려하고 아름다운 성당을 짓기 위해 수많은 건축가와 조각가를 모아 성 베드로 성당을 완성했어요. 이 성당 역시 완성하기까지 120년이라는 긴 시간이 걸렸답니다.

성 베드로 성당

그렇다면 우리나라 최초의 성당은 어떻게 지어졌을까요?
우리나라 크리스트교의 역사는 조선 후기부터 시작되었어요. 당시 유교를 중시하던 조선에서 크리스트교를 믿는 것은 금지된 일이었어요. 그래서 크리스트교를 믿는 것이 인정된 19세기 후반부터 제대로 된 서양식 성당이 지어졌지요. **최초의 서양식 성당은 서울특별시 중구 중림동에 위치한 1892년에 완성된 약현 성당**(현 중림동 성당)이에요. 그곳은 우리나라 최초로 서양식 벽돌을 이용하여 만들어진 건물이랍니다. 또한 우리나라를 대표하는 성당은 명동 성당이에요. **명동 성당은 민주화 운동과 인권 운동이 이뤄진 곳으로도 유명한 곳**이에요.

약현 성당

여기가 우리나라 최초의 서양식 성당이구나.

신의 이름으로 벌어진 비극, 십자군 전쟁

비잔티움 황제가 교황에게 도움을 청했어요

11세기, 비잔티움 제국은 이슬람 세력인 셀주크 튀르크와의 전쟁에서 져서 소아시아 지역을 빼앗겼어요. 제국에서 가장 부자였던 소아시아 지역을 잃어버리자 비잔티움 제국은 더 이상 세금을 많이 걷지 못했어요. 황제는 어떻게든 소아시아 지역을 되찾고 싶었어요. 그래서 이전까지 사이가 좋지 않던 교황의 힘을 빌리기로 했지요. 예수가 활동했던 예루살렘을 되찾겠다는 이유를 말하면 교황이 도와줄 거라 생각한 것이지요.

크리스트교와 중세 유럽

예루살렘을 되찾으면 내 힘이 더 강해질 텐데.

비잔티움 황제가 쓴 편지가 서유럽 교황에게 도착했어요.
'이슬람 세력인 셀주크 튀르크로부터 크리스트교의 성지 예루살렘을 되찾을 수 있도록 도와주시오.'
그 당시 크리스트교는 서유럽의 로마 가톨릭과 비잔티움 제국의 그리스 정교로 나뉘어 있었어요. 즉, 서유럽은 교황이 교회 지도자였고, 비잔티움 제국은 황제가 교회 지도자였지요. 비잔티움 황제의 편지를 받은 교황은 생각에 잠겼어요. 교황은 황제를 도와 예루살렘을 되찾으면 자신의 힘이 커질 거라고 생각했어요.

신의 뜻과 다른 십자군 전쟁

교황이 서유럽 사람들에게 말했어요.

"예수 그리스도의 도시인 예루살렘을 이슬람 세력인 셀주크 튀르크에게 빼앗겼습니다. 우리 손으로 예루살렘을 되찾아 이슬람교도에게 고통당하고 있는 형제들을 구합시다."

교황은 이슬람 세력과 싸울 군대인 십자군을 모았어요. 사람들은 열광적으로 십자군을 응원했어요. 많은 사람이 예루살렘을 되찾기 위해 전쟁에 참여했어요.

크리스트교와 중세 유럽

그들 가운데는 왕과 기사도 있었지만 부랑자, 범죄자, 심지어 어린아이까지 있었어요. 이런 사람들로 이루어진 십자군은 전쟁터에서 신의 뜻과 전혀 다른 일들을 벌였어요. 곳곳에서 미치광이처럼 사람들을 괴롭히고 죽였어요. 단지 하느님을 믿지 않는다는 이유에서였지요. 그 당시 셀주크 튀르크는 크고 작은 세력으로 갈라져 서로 치고받고 싸움을 벌이고 있었어요. 그들은 결국 십자군과 제대로 맞서 싸우지 못하고 예루살렘을 내주고 말았답니다.

살라딘과 리처드 1세

이슬람 세력인 셀주크 튀르크는 그대로 물러서지 않았어요. 새롭게 이슬람 세력을 이끌게 된 술탄 '살라딘'이 예루살렘을 되찾기 위해 십자군과 맞섰기 때문이에요. 이집트와 시리아를 지배하던 살라딘은 오랜 전쟁 끝에 예루살렘을 다시 빼앗았어요. 살라딘은 예루살렘을 차지한 뒤, 이슬람교도의 원수를 갚기 위해 크리스트교도를 죽일 수도 있었지만 그렇게 하지 않았어요. 그는 항복한 크리스트교도들을 풀어 주는 너그러움을 보였지요. 하지만 십자군 전쟁이 그것으로 끝난 것은 아니었어요. 십자군이 예루살렘을 다시 노렸기 때문이지요.

크리스트교와 중세 유럽

특히 십자군을 이끈 리처드 1세는 만만치 않은 상대였어요. 그러나 살라딘과 리처드 1세는 서로를 존경했어요.
살라딘은 리처드 1세가 병에 걸리자 귀한 과일과 얼음을 보냈고, 리처드 1세는 살라딘의 동생과 자기 여동생의 결혼을 권하기도 했어요.
하지만 둘의 정면 대결은 이루어지지 않았어요. 리처드 1세는 나라 안 사정으로 고국으로 돌아갈 수밖에 없었고, 살라딘도 얼마 안 가 병에 걸려 죽었기 때문이에요.

십자군에게 배신 당한 비잔티움 제국

이슬람 세력을 물리치기 위해 십자군을 끌어들인 비잔티움 제국은 십자군에게 공격을 당하는 처지가 되고 말았어요. 그 중심에는 비잔티움 제국의 콘스탄티노폴리스 상인들과 경쟁 관계였던 베네치아 상인들이 있었지요. 베네치아는 해상 무역으로 이름을 떨치던 이탈리아의 도시 국가였어요. 베네치아 상인들은 돈을 받고 십자군을 예루살렘 지역까지 실어 나르는 일을 했지요. 그런데 매번 전쟁에서 지던 십자군이 베네치아 상인들에게 돈을 주지 못했어요. 베네치아 상인들은 돈 대신에 비잔티움 제국의 수도인 콘스탄티노폴리스를 공격해 달라고 말했어요. 십자군은 곧 비잔티움 제국으로 쳐들어갔어요.

크리스트교와 중세 유럽

비잔티움 제국은 황제 자리를 둘러싸고 다툼이 벌어지고 있던 중이라 십자군의 공격을 제대로 막아내지 못했어요. 욕심에 사로잡힌 십자군은 도시를 부수고 물건을 빼앗았어요. 이제 콘스탄티노폴리스 상인들은 경쟁자인 베네치아 상인들을 상대할 수 없었어요. 비잔티움 제국은 십자군에게 수도인 콘스탄티노폴리스를 빼앗기자 힘을 잃고 말았지요.

많은 변화를 가져온 십자군 전쟁

십자군 전쟁은 약 200년 동안 여러 차례에 걸쳐 일어났어요. 예루살렘을 되찾겠다는 십자군 전쟁의 본래 목표는 이루지 못했지만, 전쟁은 유럽에 많은 변화를 가져왔어요. 우선 교황이 이끌던 전쟁이 실패하자 교회의 힘을 의심하는 사람들이 생겨났어요. 그리고 전쟁에 참여한 수많은 영주들이 목숨을 잃자, 영주들 때문에 힘이 약해졌던 왕의 힘이 커졌지요.

크리스트교와 중세 유럽

또한 십자군이 이슬람 지역에서 만난 여러 문물은 유럽 사람들을 새로운 세계로 이끌었어요. 읽고 쓰기 편한 아라비아 숫자는 상인들이 장사를 하는 데 큰 도움을 주었지요. 그런가 하면 2세기에 중국에서 만든 종이가 유럽에 전해지면서 새로운 지식이 담긴 책이 널리 퍼졌답니다.

유럽이 바뀌기 시작했어요

이곳저곳에 도시가 생겨났어요

전쟁이 줄고 상업과 수공업이 발달하자 시장과 도시들이 생겨났어요. 십자군 전쟁으로 지중해 무역이 활발해지고, 이를 이끈 이탈리아 항구 도시들이 발전했지요. 특히 피렌체의 수공업자들이 만든 양털 모직물은 질이 좋아 많은 상인들을 도시로 몰려들게 했지요. 어떤 상인들은 아시아에서 가져온 후추 같은 귀한 물건을 사고팔기 위해 도시를 찾았어요. 흥을 돋우는 광대까지 등장하니 도시는 발 디딜 틈이 없었어요.

크리스트교와 중세 유럽

하지만 눈에 보이는 화려함과는 반대로 도시는 비좁고 더러웠어요. 길은 좁고 바닥에는 사람들의 똥오줌이 그대로 남아 있었지요. 하지만 장원에만 얽매여 살던 사람들에게 도시는 자유롭고 즐거운 곳이었어요. 도시의 매력에 빠져 장원으로 돌아가지 않고 도시에 사는 영주도 있었답니다.

학문이 발달하면서 대학이 생겼어요

십자군 전쟁을 통해 이슬람 세계의 문화와 학문이 유럽에 퍼졌어요. 많은 사람들이 새로운 학문을 배우고자 했지요. 학문 연구를 담당하는 수도원은 몰려드는 사람들을 감당할 수 없을 정도였어요. 그래서 만들어진 것이 바로 대학이에요. 많은 학생들이 대학에서 유명한 학자들에게 학문을 배울 수 있었지요.

흑사병이 유럽을 휩쓸었어요

새롭게 생겨나는 도시와 왁자지껄한 시장, 그리고 대학의 등장까지 유럽은 계속 성장할 것만 같았어요. 하지만 유럽을 휩쓴 흑사병(페스트)은 이런 기대를 물거품으로 만들었어요. 아시아에서 건너온 흑사병은 치료법이나 예방법이 알려지지 않은 무서운 전염병이었어요. 병에 걸리면 하루 이틀을 넘기지 못하고 죽었지요. 어떤 마을은 사람들이 모두 죽어 무덤을 만들어 줄 사람이 없을 지경이었어요. 사람들은 흑사병을 신의 벌이라고 생각하며 두려움에 떨었답니다.

장원이 흔들리기 시작했어요

흑사병은 유럽의 많은 것을 바꾸어 놓았어요. 우선 많은 사람이 죽어서 일할 사람이 부족했어요. 농사를 지을 농노를 구하지 못해 망하는 영주도 있었지요. 돈이 부족해진 영주는 농노를 괴롭혀 돈을 빼앗으려고 했어요. 농노들은 강하게 저항했고, 영주는 더 이상 농노를 만만하게 여길 수 없었지요. 농노에게 좋은 대우를 해 줄 수밖에 없었어요. 어떤 농노는 농노의 신분에서 벗어나 자유롭게 농사를 지으며 살아가기도 했어요. 500년 가까이 지켜졌던 마을(장원)이 흔들리게 된 거예요.

영주의 힘은 약해지고 왕의 힘은 강해지고

단단한 갑옷을 입은 기사들은 대포와 화약 무기가 나오자 꼼짝할 수 없었어요. 흔들리는 장원과 변해 가는 전투 방법에 영주의 힘은 나날이 약해졌지요. 그동안 영주를 마음대로 하지 못한 왕은 그 기회를 놓치지 않았어요. 왕은 우선 상인들을 지원해 상공업을 발달시켰어요. 그 결과 상인들로부터 많은 세금을 걷게 되었고, 그것을 바탕으로 강력한 군대도 만들었어요. 얼마 전까지 유럽을 주름잡았던 교황도 강력한 힘을 지닌 왕을 당해낼 수 없었어요. 프랑스 왕에 의해 교황이 강제로 끌려가는 일까지 벌어졌지요. 과거의 봉건 제도가 흔들리고 새로운 질서가 꿈틀거리기 시작했어요.

세계사 속 한국사 — 우리나라와 유럽의 성 이야기

"인간의 역사는 전쟁과 함께 발전하였다."라는 말을 들어 본 적 있나요? 이 지구상에는 전쟁이 한 순간이라도 멈춘 적이 없었어요. 사람들은 전쟁에서 이기기 위해 여러 무기를 만들었어요. 적으로부터 자신을 보호하기 위해 성도 만들었지요. 세계 곳곳에는 많은 성이 있어요. 각 지역의 생활 모습이나 자연환경에 따라 다양하게 만들어졌지요.

우리나라는 산이 많기 때문에 주로 산을 따라 성을 지었어요. 사람들은 성 아래 마을에 살면서 전쟁이 일어나면 성으로 들어가 적과 싸웠지요. 특히 고구려의 성 쌓기 기술은 유명했어요. 고구려를 빼앗고자 했던 수나라 양제나, 당나라 태종은 뛰어난 기술로 만든 성에 가로막혀 전쟁에 패배할 수밖에 없었어요.

우리나라 산을 파악하지 못하면 절대 성을 무너뜨릴 수 없다!

고구려의 성

반면에 산이 적었던 유럽은 주로 평평한 땅에 성을 지었어요. 그들은 튼튼하고 오래가는 성을 짓기 위해 돌을 사용했지요. 그리고 성벽 주변에는 적들이 쉽게 접근하지 못하도록 도랑을 팠어요. 성을 공격하려면 도랑을 메워야 했기 때문에 여간 힘든 일이 아니었지요. 성은 자신을 지키기 위한 건물인 동시에, 장원의 중심지이기도 했어요. 성 안에는 영주가 살고 있었고 사람들의 생활에 필요한 각종 시설이 있었지요. 하지만 이렇게 튼튼했던 성도 대포 같은 화약 무기 앞에서는 꼼짝도 못 했어요. 유럽의 성은 기사와 함께 서서히 모습을 감추게 되었답니다.

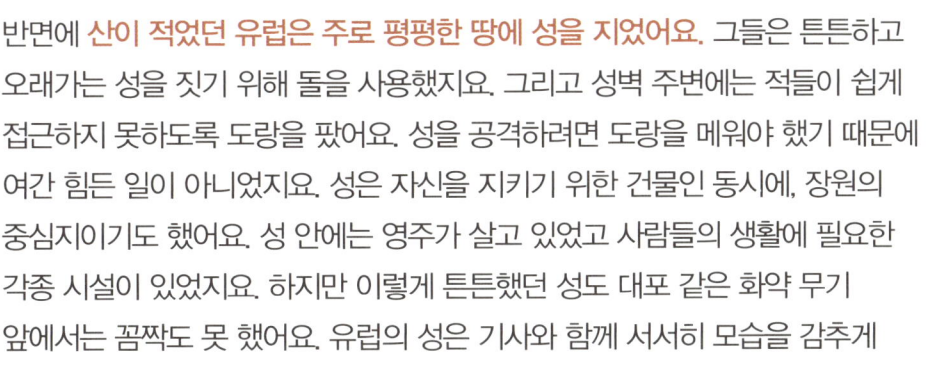

유럽의 성

세계사 놀이터

십자군 전쟁은 약 200년 동안 여러 차례에 걸쳐 진행된 치열한 전쟁이었어요. 십자군 전쟁의 장면 속에 숨겨진 그림 다섯 개를 찾아서 ○ 해 보세요.
(숨은 그림 : 컵, 꽃, 연필, 빗, 숟가락)

 # 정답

▼ 52~53쪽

▼ 78~79쪽

▼ 118~119쪽

▼ 174~175쪽

《그림으로 보는 세계사》 시리즈는 모두 5권입니다.

1권 고대 이야기
2권 중세 이야기
3권 근세 이야기
4권 근대 이야기
5권 현대 이야기

《그림으로 보는 한국사》도 함께 읽어요!